华为的项目管理

一本对华为项目管理进行细致分解的图书

王伟立◎著

深圳出版社

图书在版编目（CIP）数据

华为的项目管理 / 王伟立著. -- 深圳：深圳出版
社，2016．7（2024．8重印）．--（华为员工培训读本系
列）．-- ISBN 978-7-5507-1574-5

Ⅰ．F632.765.3

中国国家版本馆CIP数据核字第2024L86P91号

华为的项目管理

HUAWEI DE XIANGMU GUANLI

出 品 人　聂雄前
责任编辑　何廷俊　陈少扬
责任技编　陈洁霞
封面设计　元明·设计工作室

出版发行　深圳出版社
地　　址　深圳市彩田南路海天综合大厦7-8层（518033）
网　　址　www.htph.com.cn
订购电话　0755-83460239
设计制作　深圳市线艺形象设计有限公司　　0755-83460339
印　　刷　深圳市希望印务有限公司
开　　本　787mm×1092mm　1/16
印　　张　14
字　　数　280千
版　　次　2016年7月第1版
印　　次　2024年8月第9次
定　　价　42.00元

法律顾问：苑景会律师 502039234@qq.com

华为未来成功之道——以项目为中心

在过去的 30 多年时间里，大多数中国民营科技企业总是逃脱不了"各领风骚三五年"的宿命，我们也听到和看到太多关于中国民营企业崛起、衰落、倒闭的悲伤故事。但是华为却成功了！

华为从一家立足于中国深圳经济特区，初始资本只有 2.1 万元人民币的民营企业，稳健成长为年销售规模达 3950 亿元人民币的世界 500 强公司。作为一家无背景、无资源、缺资本的民营企业，华为将西方众多百年巨头纷纷斩落马下。它被众多跨国对手视作"东方幽灵"。20 多年来，华为从一张白纸变为世界级高科技企业，成为中国企业的标杆。

事实上，就在华为开始创业的 20 世纪 80 年代中后期，国内诞生了 400 多家通信制造类企业，但这个行业注定是场死亡竞赛，赢者一定是死得最晚的那个。华为活到了最后——这是中国最优质的一家民营企业。

2015 年的华为，年收入 3950 亿元，利润达到 369 亿元；全球前 50 家运营商，华为服务其中的 40 家；全球 500 强企业中，华为服务 106 家。而且，2014 年，华为摘取了全球专利申请冠军，5G 研发引领全球……

"人们总是崇尚伟大，但当他们看到伟大的面目时，却却步了。"这是法国批判现实主义作家罗曼·罗兰在其名著《约翰·克里斯朵夫》中的一句名言。

事非经过不知难。我们羡慕国际领先企业在公共事务上的有条有理、游刃有余。而光鲜的背后是大量基础性、事务性的工作，建立规范、发展组织、引进人才、培育能力、推动内部意识转变等，不一而足。

大家被逼着放弃那些看似轻车熟路的经验式做法，转而使每项工作都有章可循，这也是"自我折腾"的过程。

华为从 1996 年开始进行各种改革，不断折腾，在不断折腾中解决企业成长过程中的问题。华为做好项目经营已经有好些年了，如今，华为再次提出"我们的管理运作要从'以功能为中心'向'以项目为中心'转变"。

项目管理的资证认证成为国内继 MBA（工商管理硕士）之后的又一热点。越来越多的人开始报考项目管理认证，希望抢先"镀金"。有不少人接受了一些项目管理培训，但是，当他们真正在一个项目中去进行项目管理，却仍然会感到无从下手，无法通过执行项目管理的活动让项目沿着正确的方向前进。

之所以出现这样的情况，是因为他们所掌握的往往还只是项目管理的理论，但却还没有掌握项目管理的方法。而理论的可操作性往往很弱，因此出现这样的情况也是非常正常的。用一句话说，掌握理论只是知道了"What"（何事），但还不知道"How"（何法）。

项目管理是每一个职场人必备的技能，无论你是工程师、建筑师、设计师还是财务或人力资源。它能让你在千头万绪中理清思路，也能让你在紧迫时间前按时完成任务。《华为的项目管理》结合华为的真实案例来讲述项目管理流程的方方面面，将项目管理知识和方法的有效运用作为目的，更容易使读者接受和运用这些知识和方法。本书的观点大多来自于实践归纳而不是理论分析，侧重于使读者"知行合一"。

目 录

项目不能跟着感觉走

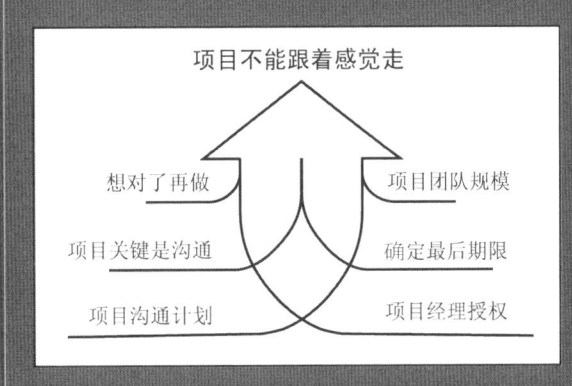

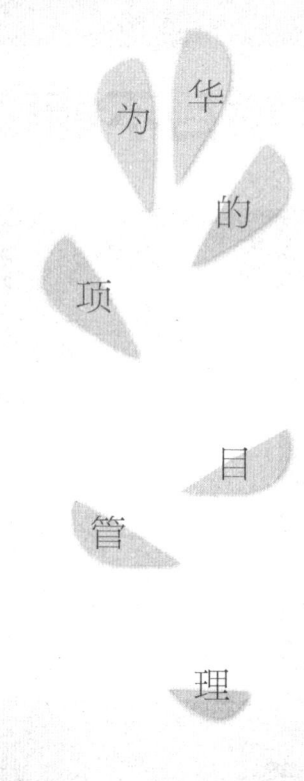

华为的项目管理

第一节 想对了再做

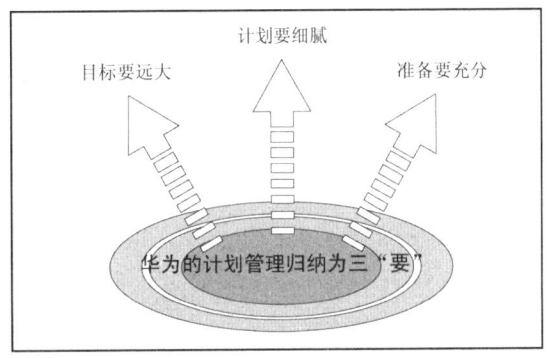

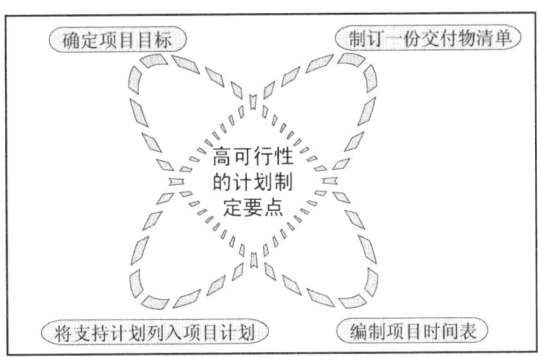

"开始阶段是一项工作最重要的组成部分。"

——柏拉图

项目组是华为基层最小的组成部分。部门的负责人是部长，项目组的负责人英文叫 Project Leader，简称 PL。因为项目组是华为最小的组成单位，就像咱解放军一个班的班长一样，因此对项目组的 PL 的管理至关重要，因为他们直接决定了项目组员工的工作质量。一般来说，三个项目组还要有一个比 PL 更大的官来进行管理，这个官介于部长与项目组 PL 之间，叫作项目经理（Project Manager，PM）。

基层项目组的成败关系着产品的成败。华为有一个规定，所有的干部都必须做过 PL 这个岗位，因此上面的领导对于基层的管理都烂熟于心，从而产生了从上至下的高效研发团队。这时候我们理解了，基层干部对于一家公司是多么的重要，他不仅是广大基层员工高效工作的保证，也是产生高层干部的土壤。

现实中，由于相当多的项目经理缺乏集成计划管理意识，项目开始后就盲目实施，出现边实施边修改的情况，要不就是有计划，但计划制订仅仅依托于对历史数据的考虑，脱离现实想当然地输出一份项目计划，实施时出现计划完全无法指导现实，计划变成一纸空文，导致诸多冲突和变更。这样的项目管理理念使得在项目初期，围绕项目生命周期的各阶段的风险无法识别出来，资源无法有效管理，这对实现项目的时间、成本、质量三大目标都存在极大的风险，在项目实施过程中，管理团队也会感到项目难于掌控，管理者往往变成了一个救火队员。

与产品和服务一样，计划如果能被管理者作为进行战略决策的工具，那么它本身也必须被加以管理和塑造。其实，无论是企业还是个人，做事前都应做好计划。有了计划，工作就有了明确的依循目标，才能有条不紊地进行；如果没有计划，工作开展起来也可能是一团乱麻。可以说，计划也是一种规则，保证了目标任务的实现。

石辉（化名）原是华为某办事处的员工，领导让他策划和操办一次商业演出活动，但是演出的效果并没有他想象中那么完美。石辉无奈地说："最开始的时候，我在自己的脑子里构思了整个活动的流程，也想出了与众不同的好点子。因为我自以为脑子非常清醒，就没有把整个活动的工作内容详细地罗列出来。可是，等到活动真正开始的那一天，我总是会发现有些事情忘了做，不是没有安排好现场的话筒和音响，就是忘记印嘉宾的姓名牌。我总是认为只要构想非常新颖、策划思路很完美就可以，不必在意一些细节，但我就是没有意识到很多细节问题都是必备的步骤。"

这就是解决了工作思路后没有定义工作任务的结果。如果我们在确定了清晰的工作思路后，好好地计划自己应该做好哪些工作任务，自然能够把思路执行到位，从而一步一步实现目标。

美国企业家理查·史罗马在《无谬管理》一书中指出："对一个方案，宁可延误其计划之时间以确保日后执行之成功，切勿在毫无适宜的轮廓之前即草率开始执行，而终于导致错失方案之目标。"因此，无论是谁，做事前都应该好好地计划一番。

华为公司的产品开发流程分为概念阶段、计划阶段、开发阶段、验证阶段、发布阶段和生命周期管理阶段6个阶段。根据IBM咨询顾问设计的产品开发流程，产品开发的计划阶段周期加长，极为重视计划阶段对技术方案的制订及各领域实施方案的制订。这种方法要求产品开发计划达到高可行性后才可进入开发和验证阶段，实施过程中不会因计划的不可行而返工，整个项目开发周期因此缩短。

有人将华为的计划管理归纳为三"要"——目标要远大，计划要细腻，准备要充分。那么，如何做到这三"要"，形成高可行性的计划呢？

第一，确定项目目标。项目关系人是直接或间接影响项目实施结果的人。只有项目关系人的需求被满足，该项目才能成功。所以，确定项目目标的关键在于找到项目关系人。项目关系人一般为项目发起者、项目组经理、项目组成员、客户和使用者。

在华为，负责人弄清项目关系人后，会通过面对面的交流来了解能真正带来收益的需求，并根据需求进行优先级排序。

接下来，该负责人会根据该列表建立一套可以被度量的项目目标，并借助 SMART 分析法来衡量哪些目标是可实现的。一旦确定了清晰的项目目标，立即将之记录在项目计划中，尽可能细分出项目关系人的需求和目标期望值，使项目目标更具有可行性。

第二，制订一份交付物清单。负责人要基于已经定义了的项目目标，确定目标实现所需交付物，并创建一份交付物清单，明确每件交付物提交的时间和方式，并将交付物清单添加至项目计划中，并为每位员工设定预估的完成期限。

第三，编制项目时间表。根据项目交付物清单，创建一个任务清单。每一项任务包括工时和资源两方面。工时：可以以小时或者天为单位。资源：完成任务所需要的人力、物力。

一旦员工预估出每项任务工时，即可计算出完成每件交付物所需要的工时和工期。这一部分工作，可以使用现成的软件来辅助完成，如用项目管理软件（Microsoft Project）来完成项目时间表，用现成的模板来录入任务列表、工时和资源等。

如果项目的预估日期难以满足项目发起人对最后期限的期望值，那么，项目负责人会马上与项目发起人协商。

通常的方法：协商项目的最后期限（项目推迟）；减少项目范围（产出减少）；添加额外资源（成本增加）。

在协商的过程中，负责人会基于项目时间表，在多种选择中做出决断。

第四，将支持计划列入项目计划。华为在做项目计划的过程中，往往极其重视相关的支持问题，并将这些问题直接列入项目计划中。支持计划主要包括风险管理计划、沟通计划和人力资源计划。

风险管理计划：风险管理是项目管理的重要组成部分。时间预估不足、客户审查和反馈周期过长、角色和职责不清、资源承诺未兑现等，都是风险管理中常见的事例。华为使用风险日志跟踪项目风险，一经发现新的风险即添入风险日志中，并标明防范方法和处理步骤。

沟通计划：创建一个沟通计划档案，说明不同的项目关系人需要了解的项目信息及获得方法。华为最常采用周例会（月例会）制。所有员工在例会上汇报项目状态，明确阶段性成果和下一步工作计划。

人力资源计划：明确管理该项目的部门或者个人，明确其角色和责任；描述项目参与者的数量和职能，以及每一个参与者清晰的开始时间、参与周期和人员的来源；为进行良好的动态管理，华为将上述内容制作成一张表格，使之更加清晰化。

在国际化的战略引导下，华为把IT战略规划列为管理改革的重中之重，并以全面BPR&IT（业务流程再造和信息技术）改进计划一同组成华为在第二阶段的主要管理变革方向。

基于IT战略规划，华为确定了系列管理&IT建设主项目计划以及实施时间表，并建立了一个项目办公室来监督所有的业务流程重整项目和IT项目，以确保能够更有效地管理项目之间的相互关系和沟通。由项目指导委员会领导的华为BPR&IT部门应运而生，从组织上保障管理与IT子项目的推动落实。

完成所有上述步骤后，项目负责人便得到了一份高可行性的项目计划。

华为的一次管理优化曾以《艰难岁月，欢乐英雄》为标题介绍了Y项目的开发过程。这个项目从立项到硬件调试成功，前前后后，算起来冷板凳总共只坐了不过100天的样子。在华为的产品开发史上，这无论如何可称得上是里程碑式的事件。不过与其说这是一个通过卧薪尝胆创造出来的、一次就把事情做好的范例，还不如说它是一个一次就把事情想对的范例。这个范例颇有耐人寻味之处。

在1999年，Y项目组其实是在没有得到IPD（集成产品开发）的系统支持之下开始策划这个项目的。那时Y项目组的成员对 IPD 所包含的各种专用术语的了解，可能也没有比对字母 ABC 的了解多少。实际上，当时 IPD 在全公司也才刚进入一个概念性的准备阶段。Y 项目组正式引入 IPD 的概念也是在硬件调试成功后，才一步一步地开展起来的。IPD 对于确保一次就把事情做好，即使不是具备法律效应的国际通行标准，但至少在国际一流公司中是被已经证明是非常有效的工具，是得到系统的硬基础和软文化支持的。而 Y 项目启发我们的是，为什么我们在对 IPD 还不甚了了，更谈不上系统地运用 IPD 的情况下，也可以"一次就把事情做好"呢？唯一有意义的推理是，Y 项目从一开始策划的时候就走到了正确的思维方向上，与 IPD 的精神实质不谋而合，从而产生与 IPD 吻合的行为结果，一次就把事情做好。

作为通信行业的后进入者，任正非多次在华为强调"先瞄准目标，再开枪"的重要性。

华为在倾心尽力、锲而不舍地追逐客户时，没有蛮干、苦干，而是有目的、有准备地进行。华为人首先依据自身实力确定了基本目标和挑战性目标，然后才会按照挑战性目标制订项目方案，这样既保证了成功的概率，也避免了劳而无功、耗时耗力的现象。

狼群在攻击猎物之前，可以花好几天的时间，观察并监视被它们盯上的猎物，在这个过程中，绝不会做任何没有目的的行动，因此，狼的一生很少失误。华为人就是这样的一群狼，瞄准了目标就不放过，这样才创造了中国企业在国际舞台的又一个奇迹。

第二节 项目关键是沟通

基层战斗力的高低与 PL 有直接关系，PL 是基层员工的直接领导，因此 PL 的一举一动势必会给员工造成较大的影响。华为为了保证基层战斗力的最大限度发挥，对 PL 的素质要求非常高，除了技能之外，主要是管理上的要求。每个 PL 在上岗之前都要经过培训，PL 的管理风格直接关系到项目组的凝聚力和战斗力的好坏。

大家做 IT 的很多都是刚毕业的热血青年，华为为了让这股热血一直保持在头脑之中，为公司忘我工作，要求 PL 能够充分调动大家的积极性，因此必须要由比较有威望的人担任，以使得最基层的员工能非常舒心地工作。舒心工作看似非常简单，其实施行起来非常困难，因为任何一个小小的纰漏都有可能让大家不爽，影响人的情绪。华为的基层非常民主，真正实现了员工有啥都可以提，做啥都能做，构建了完善的基层意见反馈的渠道，让大家工作中遇到任何不爽的事情都可以说。这样长年累月下来，华为的基层项目组工作效率相当之高。

沟通渠道是技术层面的。良好的沟通渠道可以减少内耗，让项目进行得更顺利。但如果沟通渠道不畅通，就会造成很多误解，从而伤害感情，甚至影响到交流的平台。可能的沟通渠道数量可以用一个简单的公式计算：$N(N-1)/2$。

如果两个人沟通，$N=2$，渠道数量是 1，而如果项目团队是 5

个人，这个沟通渠道的数量就变成了 10。可想而知，沟通的复杂程度就大大增加。如果不理出一个头绪，很难保证不出乱子。比如，有件非常重要的事 A 是说过，但只对 B 说了，C 还蒙在鼓里，这就会造成 C 做错事。所以在项目组里，简化和梳理交流渠道也是非常重要的。

在华为公司创立初期，曾一度出现工作结果和预期目标不相符的问题，让公司多次陷入危机。那时候，无论是计划部门还是员工，都承受了很大的压力。

公司不得不通过咨询找出原因，在访问了一些员工之后得知：大部分华为项目经理在领导分配任务后，竟然不清楚自己应该在什么时间执行任务、什么时间完成、怎么去操作、具体完成到什么程度才算合格。这些人习惯于听到任务以后，什么都不考虑，召集几个员工就埋头干起来，也不管自己理解的任务跟领导交代的任务是否一样。

华为项目经理的这种工作态度值得提倡，也令人敬佩，这也是华为之所以能够迅速行动的关键之一。不过，这并不意味着他们是合格的项目管理者。合格的项目管理者应该按照领导的意图做正确的事，而且是高效地做事。

不过，更多的人会把问题归咎于上级领导，认为领导没有把项目任务交代清楚。事实上，领导交代不清楚是一方面的原因，更主要的问题还是在于自己。

一方面，可能是项目经理在接受任务时，没有认真听好、听对项目任务，结果造成对项目任务的误解。为了避免这种情况再次发生，当上级领导或客户给项目经理交代项目任务时，项目经理一定要记录有关任务的关键信息，偶尔还要记录领导或客户当时的情绪状态，方便对任务的理解。

另一方面，有可能是领导确实遗漏了一些项目工作的信息，造成项目经理对项目工作的误解。这个时候，项目经理就要第一时间向领导进行确认，了解项目工作的真正诉求。如果项目经理在工作任务安排给项目成员以后，或者在项目工作执行期间才找领导或客户确认，就会做很多的无用功。这样做的结果既耽误了项目工期，也给领导或客户留下了不好的印象。

所以说，做项目关键是沟通。

五种常见的小群体沟通网络：

锁链形：

在组织中，这种链形网络是垂直等级组织特殊交流方式，适合具有单线联系特点的群体。领导处于信息传播中心，接收和处理全部信息，团队其他人处于从属地位，而且还有一些成员不能与领导直接沟通。这种方式解决问题较快，领导效能比较显著，组织也稳定，但成员满意度低，士气不高。

Y 字形：

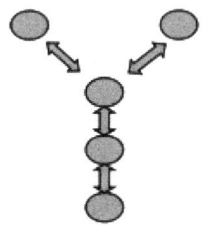

多数社会组织会采用"Y"字形的沟通网络，"Y"字形的分叉点是秘书、助理所处的位置或基层主管的位置。

车轮形：

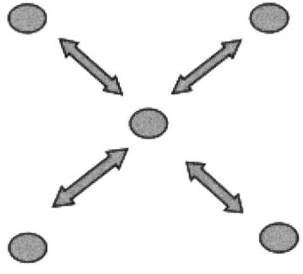

所有沟通都是主管与下属之间的沟通，适合集权式组织。领导处于中心，权力高度集中，由他来委派所有的任务，团队成员间不沟通。这种传播效率高、速度高，但团队满意度低，积极性差，只适用于处理简单问题。

圆圈形：

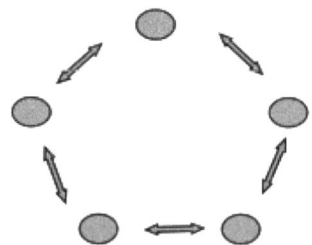

　　适合于分散小组，经常用于突击队、智囊咨询机构。我们常听到的圆桌会议就是这样的形式。它能够提高成员的满意度和积极性，但解决问题速度慢，难以进行有效领导。克服这个缺点的办法就是先让团队充分讨论，再由领导拍板做决定。

全渠道形：

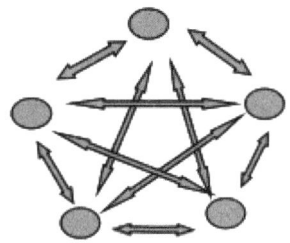

　　适合委员会组织，大家身份地位平等。成员两两相互沟通，沟通渠道数为 $N(N-1)/2$。以这种方式进行信息传播貌似充分，但很难保证信息充分无损失地在团队里传播。所以这种沟通只适合团队建立初期的无领导状态。

　　彭剑锋是《华为公司基本法》起草小组专家之一，他回忆他和华为总裁任正非交流的过程说，任正非是一个思维敏捷、极具前瞻与创新意识的人，经常会有一些突发性的、创新性的观点提出。随着企业扩张、人员规模扩大，企业高层与中基层接触机会减少，他发现自己与中层领导的距离越来越远，老板与员工之间对企业未来、发展前途、价值观的理解出现了偏差，无法达成共识。这需要在两者之间建立共同的语言系统与沟通渠道。《华为公司基本法》正是在这样的背景下出台。

同时，华为的各业务单位和部门，实践出了很多正式和非正式的沟通渠道，建立起公司和员工之间的桥梁：基于员工成长的沟通，新员工大会、新员工座谈、绩效辅导与考评沟通、调薪沟通、任职资格沟通等；基于管理改进的沟通，经理开放日（open day）、工作外露会（workout）、民主生活会等；基于氛围建设的沟通，年终晚会、家庭日（family day）等。

员工可以向自己的直接主管提出自己的意见和建议，也可以按照公司的开放政策，向更上一级的领导提出他们的问题。

华为人还会利用类似《华为人》报一样的内部报纸，及时传递来自基层的信息，这是从微观层面实现企业与员工持续沟通的有力工具。应该说，报纸是企业内部最便捷的沟通渠道，它的作用在于实现企业与员工之间、员工与员工之间持续不断的沟通。

《华为人》报很有特点，基本上都是员工自己写身边的人和事，写他们自己的感悟，可以让人感受到华为人的精神风貌，以及他们的顽强拼搏、奋力进取的精神。这是实现员工内部互动、良性沟通的有效方式，也是最便捷的一种沟通渠道。

项目誓师大会（kick-off meeting）往往是一个项目中最重要的沟通渠道，它不但决定了项目的大轮廓，更主要的是形成了团队的气氛。在这个会上，不忙于安排细致的任务或立军令状，最重要的是让大家彼此了解如何合作，也就是建立交流的平台和渠道。

1997 年准备进入海外市场，1999 年大规模进入海外市场，刚开始也是不认识。2000 年 12 月 27 日下午，华为党委组织的"雄赳赳，气昂昂，跨过太平洋——欢送海外将士出征大会"在五洲宾馆召开，这也是个誓师大会。华为党委成员、公司领导、赴海外人员及公司副总监以上干部共 400 余人参加了大会。

任正非这样说道："雄赳赳，气昂昂，跨过太平洋……当然还有大西洋和印度洋。是英雄儿女，要挺身而出，奔赴市场最需要的地方。哪怕那儿十分艰苦，工作十分困难，生活寂寞，远离亲人。为了祖国的繁荣昌盛，为了中华民族的振兴，也为了华为的发展与自己的幸福，要努力奋斗。要奋斗总会有牺牲，牺牲青春年华、亲情与温柔……不奋斗就什么都没有，先苦才能后甜。"

"华为正面临着一种机会与危机。我们的机会是经历了十年奋斗，培养和造就了一支奋斗的队伍，有组织、有纪律的队伍，一支高素质、高境界和高度团结的队伍，许多年轻的干部正在职业化的进程中，陶冶自己，重塑自己，他们不怕艰苦，勇于献身，努力学习，是我们事业的宝贵财富；我们经历了十年的积累，以客户化的解决方案为先导的产品体系有了较大的进步，有希望搏击世界舞台，在这个舞台上检验自己。只要勇于自我批判，敢于向自己开炮，不掩盖产品及管理上存在的问题，我们就有希望保持业界的先进地位，就有希望向世界提供服务。我们不尽快使这些产品全球覆盖，其实就是投资的浪费，机会的丧失；随着我们的管理逐步国际化，IPD、ISC、财务四统一、IT、任职资格、虚拟利润方法、述职报告制度的推行，华为将面临内部组织越来越开放，允许越来越多的优秀人才，加入我们的队伍。这些优秀人才，将一同与我们奔向战斗的前方，我们的队伍向太阳。"

华为进入穷的国家，卖无线接入产品，后来卖固定交换机产品，传输产品，慢慢做过来。后来华为进入欧洲，欧洲非常难做，欧洲这个市场产品不是卖不掉的问题，送都送不掉，送多了别人不敢要，欧洲高端市场，非常难进。华为后来取得了一个突破，靠的是华为人的奋斗精神。后来，华为誓师大会也变成了系统性的宣传与培训。

第三节 项目沟通计划

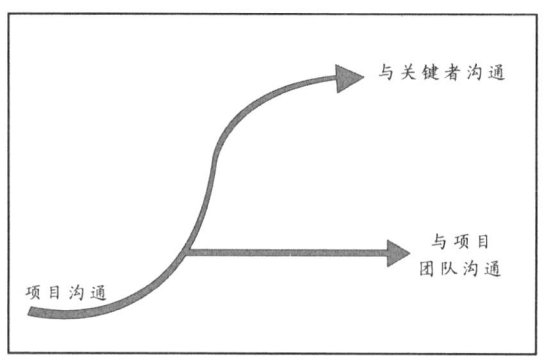

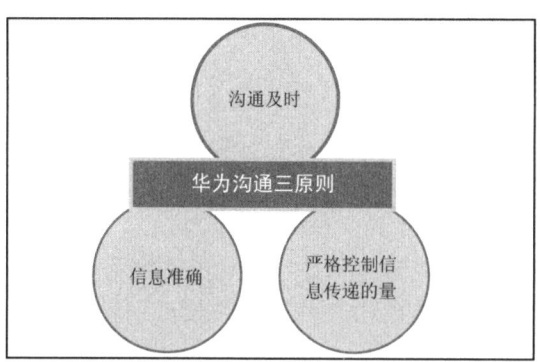

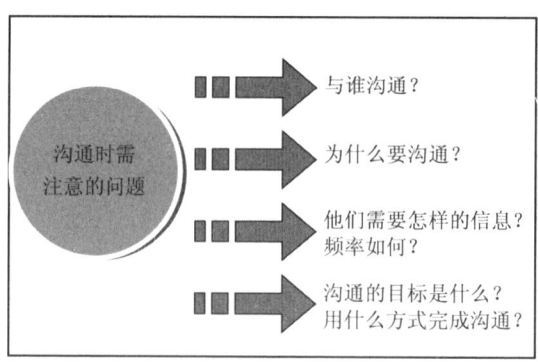

　　缺乏有效的沟通环境对项目来说可能是灾难性的。没有有效的沟通与交流，决策传递将会受阻并停滞。虽然大多数人都知道，有效沟通对于任何项目都很关键，但在绝大多数项目管理体制设计和实践中，沟通管理往往是最容易被忽视的。下面以各种项目经理的工作时间分配来看沟通工作的重要性。可将项目经理分为三类：一类是普通的项目经理，他们最多称之为工程督导；另一类是有效的项目经理，他们可称之为实施经理；最后一类是成功的项目经理，他们交付的项目非常成功，客户满意度高，他们在企业里能获得较快的提升。同样是做项目，这三种项目经理在管理项目上有什么区别呢？那就是有效沟通，项目沟通上所花的时间和精力对项目的成功有着决定性作用，它不仅造就了成功的项目经理，也造就了成功的项目。

　　有效的沟通是成功项目的典型特征之一。作为项目启动过程的一部分，项目核心团队应该撰写一份沟通计划。

　　项目沟通的两大类分别是：与关键者沟通；与项目团队沟通。对于关键者，项目团队应当寻求以下这些问题的答案：谁需要项目的信息？他们需要项目的哪些信息？他们需要信息的频率？采用何种方式能够最有效地传递信息？利益相关者分析是沟通计划的关键输入变量。与关键利益相关者沟通的有效方式是为每一个相关者构建一个沟通矩阵。作为一个矩阵的一部分，团队决定谁将真正负责建立和执行沟通。

　　沟通计划的第二个关注维度是团队内部的沟通。当团队成员办公地点接近时，最重要的团队沟通方式是项目进展例会。项目进展例会召开的频率视项目而定，过多的会议不是好事。但是，频率适当的会议可以使团队在问题尚小之前能够发现和解决。对于时间短、强度高的项目，召开早晨的碰头会，让团队成员汇报昨天的工作还是相当必要的。一些公司的碰头会站着开，鼓励就关键信息作简短扼要的报告。

除非确实有紧急事务，否则项目会议的召开不能出乎团队成员的意料。这样，在项目启动阶段，项目团队应该明确多久、何时、何地召开会议。这可以帮助团队成员达成一致，并使他们很好地与其他工作结合起来。

在华为，善于沟通不仅是项目管理的重要手段，而且是每个华为人的基本职业技能。为了避免在工作过程中出现对接障碍，华为公司要求员工在项目工作开始之前就做好沟通，在适当的时间将适当的信息通过当前的渠道发送给适当的利益干系人，这就是华为的"沟通三原则"。

"沟通及时"是华为员工遵守的首要原则。华为员工会将必要的信息在第一时间向利益干系人传达，以保证上下、平行沟通渠道的顺畅。

"信息准确"是华为员工沟通的第二原则。不论是书面沟通还是口头沟通，华为员工都会准确地传达信息。为了保证沟通信息的准确性，华为员工会借助金字塔思维工具。在金字塔顶端的是综述，即要表达的观点、问题、看法和结论。然后，华为员工会针对上一级的内容一层一层地展开，直到信息足够准确为止。

最后，华为员工会严格控制信息传递的量，确保恰到好处，这是沟通要遵守的第三个基本原则。因为信息过多倾听者容易忘记，过少则降低效率。一般信息量传递都遵守 7±2 原理，因为年轻人的记忆广度大约为 7 个单位（阿拉伯数字、字母、单词或其他单位）过多或偏少都不适宜。

为了确保信息沟通工作的顺利进行，华为要求所有的工作人员在沟通中必须提前制订沟通计划，明确信息沟通的相关人、信息沟通形式、信息发放时间和发放方式等内容，并制定出详细的信息发放日程表。

不过在此之前，华为员工首先会明确沟通的两个层面，一是针对项目组内部的沟通；二是针对与高层和顾客的沟通。然后，他们会明确四点问题：

与谁沟通？

为什么要沟通？

他们需要怎样的信息？频率如何？

沟通的目标是什么？用什么方式完成沟通？

分析这些利益干系人，确定他们的需要和期望是什么后对这些期望进行管理和施加影响，确保项目获得成功，然后确定沟通计划。

沟通计划会说明待分发信息的形式、内容、详细程度、要采用的符号规定与定义，然后确定信息沟通的日程表。

所有华为人都深知，沟通如此重要，它不仅是一项工作技能，而且是影响团队绩效的关键因素之一，每个人在工作中必须充分重视它。

在华为，为了避免"听错"的现象，公司要求员工掌握一项基本的工作技能——学会倾听。通常情况下，华为员工在倾听管理者安排任务时，都是按照备好纸笔、认真倾听、最终确认这三个步骤进行的。

在管理者布置任务时，你当时可能记得清清楚楚，可是正式开始工作时，又遗忘了部分细节。这时，若再去向管理者确认又担心给管理者留下工作不严谨的印象，同时也会打扰管理者工作。所以，华为的员工们会事先准备好纸、笔，用来记录管理者的重要指示。

从华为员工笔记本上，我们可以看到他们用自己习惯的关键词或符号所填写的《任务记录单》（见下表），上面记录着布置的任务重点。

任务记录单

任务类型	日期：2009 年 11 月 2 日 15 时
任务类型	排除故障（排除设备故障）
完成时间	2d（两个工作日为期限）
建议方案	王克协助开发部支援 开发部支援 （由同事王克做协助工作，必要时向研发部寻求支援）
预期效果	零故障（以无故障为目标）

任务记录单看似简单，但如果不能认真倾听、把握管理者的真实意图和话题重点，填写工作不免流于形式。因此，华为员工很注重倾听过程，不仅会在任务记录单上标注关键词，偶尔还会有管理者当时的情绪状态词。

第四节 项目团队规模

经常有项目经理抱怨："为什么我的团队这么多人，工作效率还这么低，出了事情还要互相推诿呢？"针对这种现象，有社会心理学家通过实验和调查，发现了隐藏在现象背后的心理规律——责任分散效应（Diffusion of Responsibility）。责任分散效应可以用我们工作与生活中的很多现象来解释，如下面便是一例。

一个办公室里原本有三个人，每次办公室的卫生都由小张负责。后来，办公室又新来了一位同事，小张就和那位新同事商定轮流打扫卫生。两个人也配合得相当好，办公室还是被打扫得干干净净的。再后来，又来了一名大学生，他来的第二天早上，当同事都来上班时却发现地上一片狼藉。大家面面相觑。原来，小张和原来的同事都认为卫生应该由最后来的同事负责，而那位大学生却认为卫生已经有人负责了，自己只需要做自己本职的工作就行了。由此可见，当大家都认为别人会承担某种责任的时候，恰恰没人承担责任。

责任分散效应也称为旁观者效应，是指对某一件事来说，如果是单个个体被要求单独完成任务，责任感就会很强，会做出积极的反应。但如果是要求一个群体共同完成任务，群体中的每个个体的责任感就会很弱，面对困难或遇到责任往往会退缩。因为前者独立承担责任，后者期望别人多承担点儿责任。"责任分散"的实质就是人多不负责，责任不落实。对于责任分散效应形成的原因，心理学家进行了大量的实验和调查，结果发现这种现象不能仅仅说是众人的冷酷无情，或道德日益沦丧的表现。因为在不同的场合，人们的援助行为确实是不同的。当一个人遇到紧急情境时，如果只有他一个人能提供帮助，他会清醒地意识到自己的责任，对受难者给予帮助。如果他见死不救会产生罪恶感、内疚感，这需要付出很高的心理代价。而如果有许多人在场的话，帮助求助者的责任就由大家来分担，造成责任分散，每个人分担的责任很少，旁观者甚至可能连他自己的那一份责任也意识不到，从而产生一种"我不去救，由别人去救"的心理，造成"集体冷漠"的局面。

这种现象在项目团队管理中经常会出现，当项目经理让几个成员一起来完成某项任务时，多数人会把自己应尽的责任或应完成的任务分解、转移到其他团队成员身上。一旦出现了这种情况，就会大大地削弱团队的凝聚力和战斗力，使团队的整体功能大打折扣。

既然责任分散在很大程度上是由分工不明确、职责不清晰造成的，那么，项目经理在分配任务时就应该明确各个成员的职责，把责任落实到个人，这样就能极大地提高项目团队执行的效率。反之，责任不到位就会出现责任分散的现象，项目经理布置下去的任务多半不会被很好地执行。

不过，项目经理在确定项目团队规模时，也不能过于严格地控制项目团队的人数，更不能将工作任务交给某一个人来执行。虽然这样能避免责任分散的现象，但也有可能超出项目成员的承受范围。

就以华为的管理来说，虽然华为员工具有大学本科以上学历者超过85%，而且大多掌握着业内先进技术并从事电信研究工作达5

年以上，但华为的管理者还是会从个人应知、应会、专业知识、可塑性、背景、反应能力、人际关系、实际工作经验等方面对员工进行考核，并将之分为 A、B、C、D 等不同类型。针对这些不同类型的员工，华为的管理者会有针对性地为他们分配任务，从而确保工作任务与员工的能力相匹配。如此，华为的目标就能够真正成为"可实现"的目标。

所以，项目经理要根据员工的能力来界定员工的执行任务，从而确定团队规模。只有确保员工接受的任务在他们能力所及的范围内，才能让项目工作按照原计划往前推进。

任何一个项目，都有其特定的任务和目标，项目的一切活动与制度安排都应当与其特定的任务目标相关联，项目团队的结构设计也应为目标的实现服务，其部门的划分、岗位的设计都应该以是否有利于其目标的实现为衡量的标准。在进行结构设计时应该避免人为地将任务、责任的条块分割，降低各部门、岗位的一致性目标。

对管理者所涉及的需要协调的员工关系数量，格拉丘纳斯（V. A. Graicunas）给出了计算公式：$C=n(2n-1+n-1)$。式中：C 为管理者与其下属之间相互交叉作用的最大可能数；n 为下属的人数。从上述公式中可以看出，当下属人数呈数字级的增长时，管理者需要协调的关系在呈几何级数的增长，尽管目前没有一个具体的数字指出管理幅度应该是多大，而事实上，一个管理者直接而且有效地领导与指挥下属的人数不可能无限扩大。管理者自身的能力、下属的经验任务的复杂度以及职权明确度、计划目标的明确度、信息沟通的效率等是影响管理幅度的主要因素，管理幅度越小，管理的层级越多。

第五节　确定最后期限

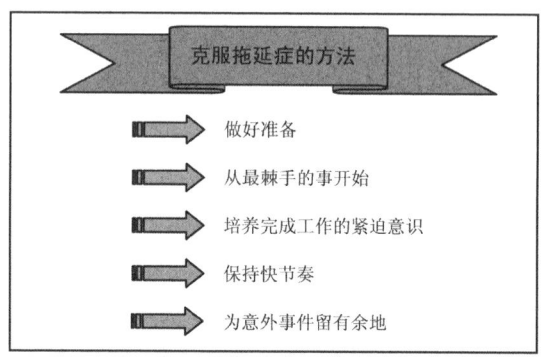

如果在项目执行的过程中，有一个人拖延时间，就有可能会影响整个团队的工作。所以在给员工布置工作之前，管理者应该事先估计一下完成该项工作需要的时间。然后在布置工作任务时，向员工提出时限要求，员工要在规定时限内完成该项目的工作任务，否则将要受到处罚。这样，员工就会抓紧时间工作，因为他需要在有限的时间里把任务完成好。没有时间限制的目标，即使量化再好，也可能会使目标实现之日变得遥遥无期，而且不知道该做什么样的行动、什么样的力度去追求。同一目标，达成的时间是长还是短，那么他的行动计划是完全不一样的。

团队管理中，"主管口中发出的话"与"下属耳里听进的话"往往是不一样的。项目主管所谓的"尽快"是下班前，而下属的认知很可能是本周末之前。

主管要下达的指示非常多，根本没办法规定最后期限。所以，下达指示时，未规定最后期限很正常，但是在自己等得不耐烦之前，养成后续追踪的习惯是很重要的。向下属追踪后续情况时，绝不可以用生气的口吻询问，应该直接询问事情的进展，而且询问时，不可以问："进行得如何了？"应该问："什么时候可以提交报告呢？"

当然，避免下属做事拖拉的最好办法是，下达任务时规定最后期限。而且这期限不是由主管做出，而必须由下属自己承诺。因为人对于自己亲口说出的话远比对他人强加的约定，更能遵守承诺。换句话说，下属对主管做出了承诺，就会努力遵守最后期限。

要让负责的下属遵守最后期限，有个方式非常有效：就是利用便利贴，让他"写下来"。使用小长方形的便利贴，与下属谈论工作时，直接递出便利贴，让他们写下事情内容及最后期限，再收回来；也可以把便利贴交给部下，让他们自己在上面写下最后期限，然后贴在笔记本上。

关于最后期限的确定，你只要有自己的方式即可。有很多位下属的主管可以这样做：把写着完成预定日的便利贴，全都贴在画有每月日程表的白板上。由于是自己写下的最后期限，负责的下属不仅可以减轻心理负担，而且又会给自己产生必须遵守最后期限的压力。

即便给定最后期限，也有一些员工会拖延，一些人甚至会有拖延症。拖延症患者做起事情，往往非常率性，由着自己的性子。缺乏一定的自控能力，是拖延症患者的典型心态。而且，他们总能找到各种各样拖延做事的借口，放任自己的低迷状态。如何克服拖延症呢，可以为员工提供以下方法：

1. 做好准备

在开始工作前，将工作任务加以分解，再将工作的每一步骤列成清单，并事先做好充分准备，备齐所需物品，这样在工作完成之前就不必起身到处找东西。做好充分准备是按计划工作的有力支持因素。

2. 从最棘手的事开始

当最棘手的问题被克服并完成后，再用余下的时间去完成其他工作任务就显得轻而易举。

华为客户服务部的王克（化名）说出了他的经验："我从制定的任务清单上了解相关事项，确定清单上最棘手的任务，即花费最多时间或付出最大努力的任务，然后从该任务开始实施，直至完成。相比之下，清单上的其他任务就很容易完成了。"

3. 培养完成工作的紧迫意识

很多人克服了拖延的恶习并开始着手工作，但他们永远无法坚持把工作做完，特别是工作收尾阶段临近时，他们会找到越来越多的借口和理由来拖延最后 5% 或 10% 的工作任务。其实，当最后一个细节完成时，人的大脑释放出内啡肽，人会感到异常轻松并充满成就感。

在华为，员工们习惯于为任务设定一个清晰、明确的截止日期，以此将任务完成期限置于潜意识中，这种潜意识激励着他们坚持按时完成任务。

4. 保持快节奏

当一个人加快行动步骤而不是维持平常的节奏时，他将完成越来越多的工作，这令人感到惊奇。事实上，如果一个人继续强迫自己更努力、更快速地工作，他将更加自信，并在较短的时间内完成更多工作。在华为，员工们有目的地规划工作，保持工作中的快节奏，这是其获得高效率的关键。

5. 为意外事件留有余地

有些人要求工作尽善尽美，又强迫自己在短期内完成，将自己置于强大的压力下，但却低估完成计划所必需的时间，完全不考虑发生意外的可能性，而恰恰是这些意外事件使计划泡汤。

在华为，员工们为了避免出现这种情况，会在开始工作之前列出详细的工作进度表，预计实现每阶段工作所需的时间，包括可能出现的问题或者意外。

用一句话说明如何战胜拖延："专心做重要的小事。"

"专心"是提醒大家对抗冲动和分心，"重要"是提醒大家只做有意义的事情，"小事"是提醒大家把困难的任务转化成可行的小事，把漫长的项目拆分成具体的步骤。

所以这八个字里，已经呼应和对治了加拿大的斯蒂尔（Steel）

教授那个"拖延公式"里的 4 项主要成因：信心不足、动力缺失、冲动分心、回报遥远。

第六节 项目经理授权

在看索契冬奥会时我们会发现滑冰比赛时，矮个子往往比高个子占便宜，个子矮，重心低，就不容易摔倒。在金字塔形的组织中，过多的层级，就像一层又一层的洋葱，将决策者包围在组织中央。组织核心与客户相距千里，决策者对于客户的感知苍白，而真正与客户接触的一线员工，却无发言权。只有降低组织的重心，才能更接地气（市场），才能快速应对市场的变化。

华为的组织运作从以功能为中心向以项目为中心转变，将决策重心下移，让驱动公司增长的发动机从领导者和机关变为一线团队。这也就是任正非所说的，"让一线呼唤炮火"。至于原因，任正非表示："机关不了解前线，但拥有太多的权力与资源，为了控制运营的风险，自然而然地设置了许多流程控制点，而且不愿意授权。过多的流程控制点，会降低运行效率，增加运作成本，滋生了官僚主义及教条主义。当然，因内控需要而设置合理的流程控制点是必需的。去年公司提出将指挥所（执行及部分决策）放到听得到炮响的地方去，已经有了变化，计划预算开始以地区部、产品线为基础，已经迈出可喜的一步，但还不够。北非地区部给我们提供了一条思路，就是把决策权根据授权规则授给一线团队，后方起保障作用。这样我们的流程优化的方法就和过去不同了，流程梳理和优化要倒过来做，就是以需求确定目的，以目的驱使保证，一切为前线着想，就会共同努力地控制有效流程点的设置。从而精简不必要的流程，精简不必要的人员，提高运行效率，为生存下去打好基础。用一个形象的术语来描述，我们过去的组织和运作机制是'推'的机制，现在我们要将其逐步转换到'拉'的机制上去，或者说，是'推''拉'结合，以'拉'为主的机制。我们进一步的改革，就是前端组织的技能要变成全能的，但并非意味着组织要去设各种功能的部门。基层作战单元在授权范围内，有权力直接呼唤炮火（指在项目管理上，依据 IBM 的顾问提供的条款、签约、价格三个授权文件，以毛利及现金流进行授权，在授权范围内直接指挥炮火，超越授权要按程序审批），当然炮火也是有成本的，谁呼唤了炮火，谁就要承担呼唤的责任和炮火的成本。"

任正非以美军在阿富汗的特种部队来举例。以前前线的连长指挥不了炮兵，要报告师部请求支援，师部下命令炮兵才开炸。现在系统的支持力量超强，前端功能全面，授权明确，特种战士一个通讯呼叫，飞机就开炸，炮兵就开打。前线 3 人一组，包括一名信息情报专家，一名火力炸弹专家，一名战斗专家。他们互相了解一点对方的领域，紧急救援、包扎等都经过训练。当发现目标后，计算出必要的作战方式，其按授权许可度，用通信呼唤炮火，完全消灭了敌人。美军作战小组的授权是以作战规模来定位的，例如：5000万美元，在授权范围内，后方根据前方命令就及时提供炮火支援。

华为公司以毛利、现金流，对基层作战单元授权，在授权范围内，甚至不需要代表处批准就可以执行。

21世纪的信息化战场是班长的战争。在华为公司，这些"班长"就是一线的项目经理，包括交付项目、研发项目、市场项目等。但班长的战争绝不是班长们的孤军奋战，机关要积极转变成服务与支持机构，协同作战。所谓"小前端，大平台"，前端建设高、精、专的精兵队伍，后端建设区域、机关两级平台，配套全球能力中心建设，提供专业能力和知识共享，为前端提供有效的支持。

任正非表示："公司要实现项目为中心的转移，才能避免大公司的功能组织的毛病，去掉冗余，才能提高竞争力，才能使干部快速成长。公司的运作正在从以功能部门为主的运作方式，逐步向以项目为中心的运作方式转变，客户、研发、服务和变革项目将成为未来业务运作的主要形态。如何建立项目组合、项目群和项目的三级管理体系；如何通过GTS和供应链的早期介入拉通项目的端到端运作，实现真正意义上的项目经营；如何确定各类项目的责任中心定位并围绕定位合理授权；后方支撑平台如何响应来自项目的炮火呼唤，通过前方拉动、推拉结合，实现资源的高效配置，等等，都是需要深入研究和通过实践探索解决的管理难题。"

当2011年华为开始大踏步地从运营商走向企业和消费市场的时候，率先成立了企业BG和消费者BG，将决策权向前线进一步前移。而当发现华为在互联网渠道的不足之后，又进一步推出了"荣耀"品牌，并赋予其独立操盘的权力。

既然任正非选择了放权，他同时也为消费者BG选择了一位敢打敢拼的带头人：余承东。余承东到位的同时，消费者 BG 也组建了自己的执行管理团队，开始了完全不同于运营商业务的打法。

2012 年巴塞罗那电信展的时候，华为消费者 BG 搭建了一座由 3500 台华为手机组成、高达 6 米的飞马雕像，引起了现场轰动。

当然这也引起了部分老华为人特别是运营商部门的不满，因为过去华为都是低调做生意，从来没有这么张扬过。此外，余承东在微博上频频与粉丝互动，使劲地夸自己的产品，经常与苹果产品 PK 的那种劲头，也让很多老华为人看不惯，他们就跑到任正非那里告状。

好在任正非一直秉承着"用人不疑"的原则，也知道新业务必须用新办法，每次都是坚定地支持余承东。

在华为手机业务的拓展中，确实也遇到了诸多不顺。余承东大刀阔斧地砍掉了非智能手机，砍掉了 90% 以上的机型，大幅度地降低对运营商的依赖，一直使得华为终端业务的收入直线下降。而花重金打造的 AscendD 1、P 1、Mate 1 等精品手机一开始也并没有取得很好的反响。

一时间，华为内部撤换余承东的声音不绝于耳。不过，任正非却坚决地支持余承东，将变革进行下去。如果华为消费者 BG 不是在余承东的领导下，坚持将精品化、互联网化进行到底，就不会取得今天的成功。

华为研发项目的管理精髓

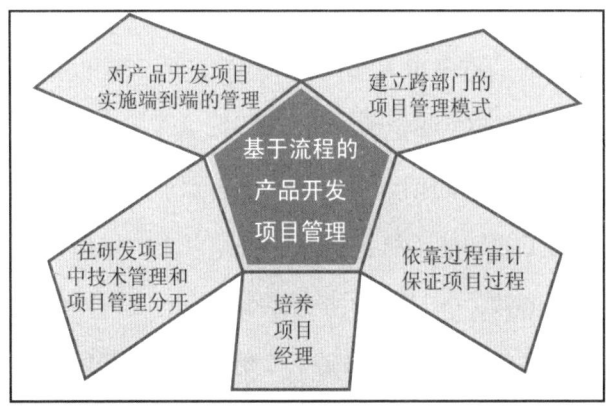

华为公司研发项目管理模式，是从国外引入的，要追溯到20世纪末期，当时华为公司销售额已经达到几十亿，为了谋求更好的发展，任正非取经于国内外，请人大的教授做过《华为基本法》，对公司的文化理念进行了系统阐述。后来，由于基本法的高端性，解决不了产品开发中遇到的质量和成本等具体问题，1998年任正非的美国之行，为这个难题的解决打开了一片天空。

1999年，华为公司正式引入IPD咨询，在产品研发管理方面和西方发达国家走到了一起。有人说任正非的产品研发管理，是东方的文化和西方科学管理的结晶体。

IPD 咨询开始于 1999 年，第一期合同额 3000 万美元，合作期为 5 年。在这 5 年期间，华为公司在 IBM 咨询顾问带领下，对华为公司的产品和流程进行重整，对项目管理体系也进行了细致梳理，下面对华为公司的研发项目管理特点进行比较详细的介绍。

1. 基于流程的产品开发项目管理

华为公司提倡流程化的企业管理方式，任何业务活动都有明确的结构化流程来指导，如产品规划、产品开发、供应链等业务活动。

产品研发项目是企业最常见的一种项目方式，华为公司也不例外。为了把产品研发活动管理好，华为公司建立了结构化的产品开发流程，以LPDT（产品开发项目领导）管理项目工作。

华为公司的产品开发流程分为 6 个阶段，分别是概念阶段、计划阶段、开发阶段、验证阶段、发布阶段、生命周期管理阶段。为了大家了解产品开发的总体概况，华为公司首先建立了产品开发流程的袖珍卡，袖珍卡就是一个产品开发概略图，给人一个产品开发的全貌，因为可以做成像卡片一样放在口袋里随时可以拿出来学习，所以给起了名字——产品开发袖珍卡。

因为袖珍卡在指导产品开发项目团队方面还不足于具体化、可操作，所以针对袖珍卡的每个阶段又进行了展开，制作了阶段流程图，针对流程图中每项活动描述了活动含义，针对项目文档，制作了文档的模板。

按照 IBM 咨询顾问指导设计的产品开发流程，和原来华为公司产品开发模式进行对比，其中一项比较大的差别是：概念阶段和计划阶段明显比原来的流程周期长，更加重视概念阶段对产品的定义以及各领域策略的制定，重视计划阶段对技术方案的制订以及各领域实施方案的制定，后来华为公司经过几个 PDT 项目的验证，反而整个产品开发项目的周期缩短了。其原因是在引入 IPD 之前，由于概念阶段和计划阶段时间短，产品定义模糊、方案不具体就进入了开发和验证阶段，导致开发和验证阶段周期加长，反而导致整个项目开发周期加长。

因此，华为公司的产品研发项目，是基于产品开发流程的项目管理，LPDT 带领项目团队成员实施产品开发，要按照公司定义的流程来完成项目目标。

2. 对产品开发项目实施端到端的管理

有些企业中，由于对产品开发没有实施端到端的管理，出现了许多问题，如有个医药企业，产品开发完成了，要去销售了才发现注册工作还没有做。还有一些企业，产品开发是串行的，一个部门传递至另外一个部门，各个部门保证部门利益最大化而导致产品开发项目进度延迟，等等，不胜枚举，在这些企业中缺少了端到端管理项目的特征。

在华为公司，"端到端"在 IBM 顾问引入后，是非常常见的一个术语，它提示我们做产品开发项目，要从市场中来，最终通过项目活动满足市场需求。就是说，产品开发项目不仅仅是技术体系一个部门的工作，而且需要其他部门参与形成跨部门的团队才能完成产品开发目标，保证市场的需求。

为了完成最终的产品开发目标，我们需要市场人员的参与（提供产品需求定义、制订产品宣传方案和实施等）、销售部门参与（销售预测及销售渠道建立等）、注册部门参与（注册方案制订及实施）、技术部门参与（产品技术实现及目标成本达成等）、制造部门参与（产品试制及生产测试设备开发等），等等，只有各个部门参与了，我们说才是完成了产品开发的任务，丢三落四、顾此失彼的开发模式不是"端到端"的产品开发管理。

为了完成产品开发项目"端到端"目标，因此产品开发项目团队成员是跨功能部门组成的，项目经理是这个团队的领导。

3. 建立跨部门的项目管理模式

在 IBM 咨询引入之前，华为公司也是采用职能式的产品开发模式，将产品开发任务按照职能分配到各个职能体系，没有明确的产品开发项目经理，或者最多指定一个协调人，由于项目成员沟通不顺畅，产品开发周期和竞争对手相比较长，因此必须改变这种按职能模式进行产品开发的现状。

在 1999 年，当时 IBM 在给华为公司做咨询的顾问对华为人讲："我们这次不光是带给你们一种产品开发的管理模式，更重要的是我们会带给你们做事的文化，那就是跨部门沟通的文化。" IBM 咨询顾问说到也做到了，他们在 IPD 咨询过程中，为华为公司建立了许多跨部门的业务团队，如产品组合管理团队（PMT）、集成技术管理团队（ITMT）等，其中产品开发团队（PDT）是最典型的，团队成员分为核心组和外围组，分别来自市场、销售、财务、质量、研发、制造、采购、技术服务等部门，他们在 LPDT 的带领下，共同完成由 IPMT 下达的产品开发目标。

现在华为公司产品开发项目团队是采用重度矩阵式的管理模式，由LPDT和部门经理共同协商确定PDT成员，PDT成员在LPDT的领导下完成产品开发项目目标，职能部门经理由原来既管事又管人转变为只管人，也就是说，在引入IPD后，职能部门经理的职责更多关注培养部门的能力，包括对部门人力资源规划与培养、部门技术的规划及开发、部门的管理体系建设、向PDT团队提供合格的人力资源等。

在矩阵管理模式下，LPDT对团队成员具有考核的权利，在考核周期，各LPDT将核心组成员的考核意见汇总到职能部门经理处，由职能部门经理统一给出对项目成员的最终考核结果。

4. 依靠过程审计保证项目过程

为保证研发项目结果的成功，华为公司引入IBM咨询了研发流程，为保证项目团队成员按照流程做事，引入了过程审计的概念。

在华为有专门部门组织公司的流程建设与优化，建立的重大流程包括产品规划流程(又称为市场管理流程)、产品开发流程、集成供应链流程、需求管理流程等，每个流程都对应一个业务团队(或称项目团队)。流程管理部门有专门人员对流程建设、优化负责。

为保证流程体系得到执行，华为公司引入过程审计的概念，由PQA(产品质量保证)承担过程审计的任务。在每个产品开发项目启动阶段，公司质量部会为项目指定一个PQA，PQA定位于项目中的流程专家，其具体职责为：作为项目的过程引导者，培训项目团队熟悉流程和管理制度；作为过程组织者，组织技术评审，包括选择评审专家、撰写评审报告；独立于项目团队之外，负责过程审计，以审计项目团队成员是否按照公司规定的流程实施项目。

在华为公司，研发管理是东方的文化和西方的科学管理相结合的产物，提倡"三权分立"，就是管理优化部门负责流程的制定，研发团队在执行流程的过程中接受 PQA 的审计，以保证流程得到有效执行。

5. 培养项目经理

IPD 咨询引入后，华为公司发现产品开发项目有两个角色的人员最为欠缺，一个是项目经理，另一个是系统工程师，关于系统工程师的培养，在此部分不作论述。

华为公司为培养项目经理，专门成立了项目管理能力建设组，制订了培养规划，并对项目经理的资格条件进行了规定。

6. 在研发项目中技术管理和项目管理分开

华为公司的研发项目管理，体现了技术线和管理线分开的思路，在项目团队中有两个非常重要的角色，一个是项目经理，另一个就是系统工程师。

PDT 经理来源于研发、市场、制造等各个领域，PDT 经理类似于一个新成立公司的首席执行官，他将业务计划提交给 IPMT，并争取获得项目开发所需的资金。PDT 经理全面负责新产品的成功开发。PDT 经理组织项目开发团队，对团队的结果负责并代表整个团队在产品开发合同上签字。

系统工程师在预测需求，及指导产品开发满足这些需求方面扮演重要的角色。系统工程师与 PDT 开发代表和其他代表一起将市场需求转化成产品包需求，更进一步以技术规格表示出来。他监视整个产品的开发过程以确保开发过程一直满足预先规定的产品需求和规格。系统工程师开发产品的总体架构，并推动产品集成和测试策略和计划的实施。

因此，在研发项目中，项目经理更像是管理专家，协调各个部门与角色的关系，而系统工程师更像是技术专家。

（本文摘编自《华为研发项目的管理精髓》；作者：米拉；来源：人人都是产品经理网，2013）

项目界定

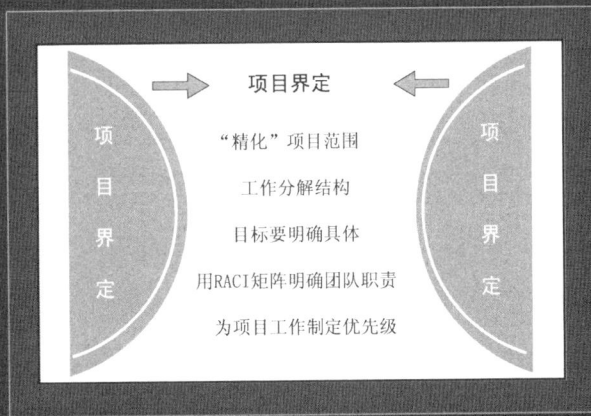

为华的项目管理

第一节 "精化"项目范围

控制项目范围的方法

确保自己明白项目的范围
了解你自己认为重要的东西和项目主管认为重要的东西
定义你的项目发布目标并让项目主管同意它们
把经过同意的项目发布目标细化成具体的工作要求
将项目分解成大的和小的里程碑
意识到会出现项目范围蔓延
制订任务分配表

天底下的项目都被三重约束纠结着：范围、时间、成本，中间围绕的是质量。在人力、财力、时间都有限的情况下，"精化"项目范围是必需的。之所以用"精化"，而不用"简化"，是指遇到项目范围过大过细的时候，要衡量所有因素，去除细节，找到能够说明问题的最短路径，即使它并不完美，也要对项目范围进行合理化瘦身，也就是让项目范围更"朴素"。

在项目范围管理中，项目蔓延是最可怕的错误，也是最常见的问题。避免蔓延的方法其实非常简单，就是在项目前期，把所有可蔓延的枝枝杈杈拿出来大家一起讨论，对所有不做的事情说NO，把分歧消灭在萌芽里。华为的一位项目主管有着这样的记载：

背景：带了一个团队做项目，我作为项目主管，把控项目各领域的工作。团队的成员也都比较年轻，但是有能力和干劲。总之，团队所有人都希望把这个事情做好。前期我针对项目做了需求调研与分析，并结合个人经验使用原型设计工具 Axure 设计出项目原型，经过与客户反复确认后，认可了最终版本的系统原型。接下来，我将系统开发工作交给了团队中研发和组织能力较强的人负责整个项目的开发与测试。他们的开发工作进展很快，加班加点工作后，还满心欢喜地告诉我，项目将要交付给我去做用户现场验证工作。为了降低项目外部失败成本，我增加了项目预防成本，即增加个人工作量，做好项目高级测试。

在测试到一个查询功能时，当我输入旅客姓名来查询表单记录，结果却查询为空集。仔细核对了一下查询字符串，我发现这样一个简单查询功能，居然是全字串查询，而不是短字串模糊查询，为此我向项目研发小组提出 BUG 修订记录。小组很快给我回复：我们做了模糊查询了，只要输入旅客姓名首字母组成的字串，即可查询到相应的结果。我大为吃惊他们设计的这样一个系统功能操作，让我更加诧异的是，每次查询完毕，他们将查询条件都清空了。基于一个小小的查询功能而导致的项目问题，足以引起我们对项目的一些思考。

思考一：额外增加的项目功能，其实为项目镀金。

在软件工程领域，项目镀金是大忌。因为，软件镀金了，你镀得好，客户认为是理所当然的，你没有因此而得到回报和认可；而你镀不好，大大增加了客户对产品的失望程度。此外，一旦涉及镀金，很可能软件应有的功能会被遗忘，没有提供这样的功能，导致软件客户体验差，项目容易失败。

思考二：软件系统的功能，首先是要满足大众化思维的操作流程习惯，然后才可以特色化。

比如说，一款文档软件，其"保存"快捷键应该是大众已经认可的"ctrl+s"，而你告诉大家，你的快捷键是"s+p"，这样一个组合键显然不具备良好的客户体验。

思考三：作为项目经理，管理项目的过程中，不能避免不会出现项目镀金，但要及早发现项目镀金，降低项目外部失败成本，以增加预防成本等措施换高质量的软件。

软件的一项错误，在团队内部出现时的影响程度总是比错误到达客户那里的程度要低得多。所以，优秀的项目经理，不会盲目地提交项目成果给到甲方，一旦要交割给甲方，那么这个项目就变成了成果，是要肩负各种责任感和荣誉感的。俗话说，家丑不可外扬，软件系统有问题，尽量控制在内部解决。

在经历了项目镀金风波后，团队成员对过往的做法有了深刻的认识。

对于项目组成员来说，可以使用下面的步骤来使自己成功地控制项目的范围：

1. 确保自己明白项目的范围。与项目主管会谈并发布整个项目的概览交与他们查看和评论。

2. 了解你自己认为重要的东西和项目主管认为重要的东西。在项目进行的整个过程里把你得到的信息按顺序列成一张表。这些信息应该包括预算、项目截止时间、功能发布、客户满意度，以及员工的满意度。一旦项目开始，你将使用这个表来调整你的时间安排。

3. 定义你的项目发布目标并让项目主管同意它们。项目发布目标是项目过程中应该完成的功能的大概描述。

4. 把经过同意的项目发布目标细化成具体的工作要求。这些要求应该尽可能地详细并使用一个简单的电子表格来完成它。你的项目越大，那么你就应该包括更多的细节。如果你的项目持续的时间不止两个月的话，不要忘记包括开发过程中软件升级的时间，你还应该总是为编写充足的文档而留下时间。

5. 将项目分解成大的和小的里程碑并编写一个大概的项目时间表以获得项目主管的同意。小的里程碑应该不持续一个月以上。不论你用什么方法确定任务的持续时间，你都应该为修正错误留下时间。在与不熟悉的员工一起工作的时候，我通常把时间定为预计工作时间的 140% 到 160%。如果你的时间比较紧，那么你应该重新评估你的项目发布目标。在预算的范围内和截止的时间以前完成项目能够为额外的改进留下空间。

6. 意识到会出现项目范围蔓延。尽早填写"项目范围改变要求"表格并在开发的过程中说服项目主管。一个"项目范围改变要求"表格能够让你在按项目主管的要求进行时间表改变以前对这些改变进行收益投入比的分析。

7. 一旦时间表已经创立，那么你就需要使用一个 PERT 图表或者任务分配表来分配资源和确定项目的关键路径。微软 Project 软件能够自动为你创建这些东西。你项目的关键路径会在项目进行的过程中发生改变。遵循这个图表来确定什么发布目标必须在规定的时间里完成。在非常大的项目里，我尽量做到不把我的开发阶段标准定义得太早，但是即使一个大概的计划也能够为你提供成功发布软件的依据。

另外一种和项目蔓延类似的情况叫项目镀金（goldplating），正面的理解可以叫锦上添花，负面的说法就叫画蛇添足。它是指在满足基本要求的前提下给客户添加新的内容。如果你参加项目管理资格（PMP）考试，见到有项目镀金的题目就一定要选以下答案：这是一个失败的项目，理由是镀金就要消耗人力、物力，所以会造成新的成本。然而，在现实工作中，是不是镀金就等于项目失败呢？我个人不敢简单苟同。

首先要看镀金是在项目的什么阶段。在项目开始和中间镀金，是要坚决反对的，因为那样往往不好控制，最终走向了项目范围蔓延的迷宫。而如果是在项目结尾，有富余的财力、物力的情况下，适当的镀金是可以接受的，甚至是应该受到鼓励的。英文讲"goextramiles"（多跑几英里），这是一种积极向上的态度。

要想在职场里不狼狈，秘籍就一条：自己对自己的要求比老板对自己的要求高一些，主动地多跑几英里。这种镀金，在老板那里是加分，在客户那里就是增值。就好比在淘宝上买东西，如果店家主动地送个小东西，哪怕根本不值什么钱，顾客也会觉得很贴心。

有时还可以"软镀金"，面对同样的硬性要求，做得更精致。这种镀金不花银子，只动脑子，但起到的效果往往非常好，可以把自己从与竞争对手针尖对麦芒的价格战里解放出来，让客户成为你的粉丝。

第二节 工作分解结构

项目计划明确了，然而该做哪些事情似乎还是一把抓，这是因为完成项目本身是一个复杂的过程，必须采取分解的手段把主要的可交付成果分成更容易管理的单元才能一目了然，最终得出项目的工作分解结构（WBS，Work Breakdown Structure）。

当面对复杂问题时，人们总是倾向于先将复杂的问题分解为若干简单的子问题，如果分解的子问题仍很复杂，这一分解过程将继续下去，直到人们满意为止，这种解决问题的模式自古就有。

WBS，即工作分解结构，就是这种思想理论与现实实践的产物。工作分解的目的就是把大的项目通过细分，变成一系列可操作和实现的行动。就好比盖房子，要分成平整土地、打地基、盖主体工程，然后才能有外部和内部的装修。这其中的每一项再细分到小的步骤，如此逐步细分几次后，就变成了组成这个大行动的一系列小的活动。整个过程体现了项目的循序渐进的特点。这些小的活动，最后落实到每个工人几天内该完成的工作。

WBS 的分解方法有很多，可以按时间分、按地点分、按部门分。但分来分去，分到底层的活动层面应该是一样的，也就是条条大路通罗马。

WBS 是面向可交付成果的，在对项目范围进行识别时我们强调逐层分解，这好比一个抽丝剥茧的过程。运用 WBS 工具，每下降一层，WBS 都归纳和定义了每一层项目工作的详细情况。WBS 是项目管理的核心工具之一，它是项目管理思想在实践操作中的体现，其次是一种实际操作的技术，概括来说，思想上的 WBS—项目逐层分解和简化；技术上的 WBS—如何实现这种分解和简化（原则和方法），是一个清晰地表示各项目工作之间的相互联系的结构设计工具；结果上的 WBS—应用 WBS 方法得到一个项目全部工作的任务分层次有序排列。

工作分解结构（WBS）的层次一般要控制在 4～6 层，多了不易于管理。

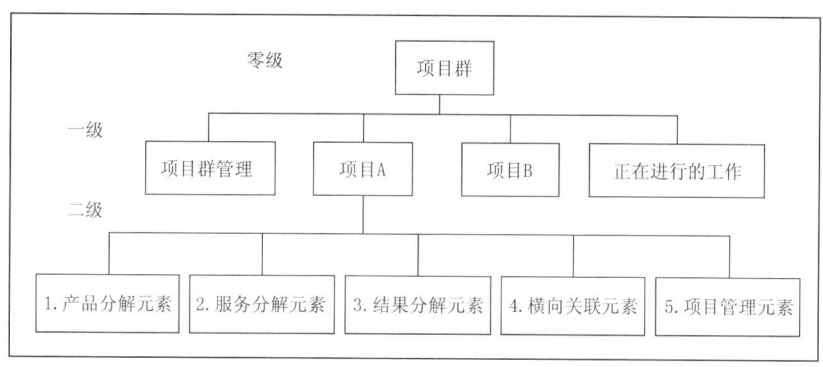

WBS 的排列或配置

WBS 将项目的整个范围组织在一起并加以明确，最终分解为工作包，指导整体项目执行团队实现项目目标，并创造必要的可交付成果。WBS 的交付成果是整个项目的交付基线，为项目进度管理提供了基准，为项目绩效管理提供了依据。

WBS 分解的实质思想之一是要体现在项目过程中的项目职责的

落实和明确划分。"责任到人"是项目管理的核心，实际工作中项目管理最怕的就是"事情出了没人认账，没人负责"。要避免这个问题的出现，就要在每一层次 WBS 分解过程中都考虑到项目责任划分和归属，尽可能每一个最底层的节点都有唯一责任人（或部门）相对应，其分解的力度是"可以分配，可以交付"。

华为工程项目管理也经历了最初的传统项目管理误区——边规划、边实施、边修改，从而出现了许多"拍脑袋、拍肩膀、拍胸脯、拍桌子、拍屁股、拍大腿"的"管理人员"，为此我们也付出惨痛的代价。伴随着业务的发展，华为的工程项目管理体系从无到有逐步完善健全起来。

2001 年以前，华为主要以基于产品的"设备安装流程"为指导，以工程督导为项目交付责任人，只强调工程的实际交付，项目实施不符合重大项目的管理模式，也不重视客户的过程感知和项目的经营。2001 年至 2006 年，是华为工程项目管理体系的形成阶段，华为以 PMP 的知识为理论依据，引进业界标杆 IBM 公司先进的工程项目管理体系，结合公司自身交付特点和产品的生命周期，拟制了"重大项目管理流程"，采用"AM+PM"的方式履行重大项目的交付。AM（Account Manager）即客户经理，通常为合同的签单人，对合同的交付界面、客户要求、习惯等售前信息都非常了解。合同签订后，由 AM 负责召开项目交底会，将项目相关信息传递给 PM。PM（Project Manager）即项目经理，是项目交付的第一责任人，负责售后交付的全部事宜。"AM+PM"的交付形式贯穿于项目交付的全过程，这一方式的推行，给客户带来了较好的感知。

2006 年以后进入了华为工程项目管理体系的成熟阶段，伴随着业务流程的优化，我们开始推行"端到端的项目管理"体系，要求项目经理全流程参与，了解端到端的流程，掌握各阶段交付关键点，合理整合资源，以专业的服务、快速的响应尽量一次性把项目做好，与此同时我们开始强调项目的经营，培养项目经理的经营意识，考查项目的成本和利润率。通过"端到端的项目管理"体制的推行，公司内管理人员的项目管理水平取得了很大的进步。2011 年以后，华为开始全力打造全球通信项目管理领域一流品牌，将项目管理作为公司的核心竞争力，目标是培养一批项目管理专家和顾问，将项目管理作为品牌和产品对外输出。

由于通信行业自身的特点，华为项目干系人都希望项目能在最短的时间内交付使用，投入运营，而且项目质量也要符合要求。我们都知道，牺牲时间必然要加大资源的投入，这对项目的绩效、质量都是极大的挑战。当前华为工程项目管理中，时常出现资源使用不合理、实际工期无法满足项目干系人需求及返工的问题。深究这些问题，归根结底是缺乏有效的计划集成。项目管理人员对项目应投入多少资源，什么时间投入这些资源，投入的资源在哪些活动上起作用并没有周详的计划，导致项目交付无法达到项目干系人的需求，同时造成资源的浪费。其主要原因之一就是工作分解的问题。

由于项目范围不清晰或是项目实施过程中发生变更，而项目经理未及时采取有效措施导致项目失败的案例也时有发生。由于各种各样的原因，项目干系人会在项目实施过程中加入很多"细小的"

计划外工作。客户在项目实施过程中，有时也会提出一些小的、略增加一些工作量就能实现的额外工作，这些工作虽然与项目成果的特征与特性无太大关系，但会提升客户感知。然而，这些细小的变化累积起来就会形成项目工期的拖延、项目费用的超支，而到了那时不仅仅是项目发起人对项目不满意，客户同样也会对项目不满意。客户并不会因为项目组在项目过程中所做的额外工作而抵消对整个项目延期的不满。更有甚者，尽管项目的延期可能是由于客户带来项目范围的蔓延引起的，但如果对这些范围蔓延不加以记录和确认，还可能会造成一些法律纠纷。另外投入在项目组中的技术人员，由于自身对技术的渴求，促使他们自觉不自觉地按照自己的兴趣去生产一些没有必要的、不合理的、满足自身情感需要的产品，这也会造成项目范围的扩大，这些都不利于科学地管理好项目的范围。

目前华为采用的通信工程项目管理方法华为称之为"六步一法"，如下图所示。

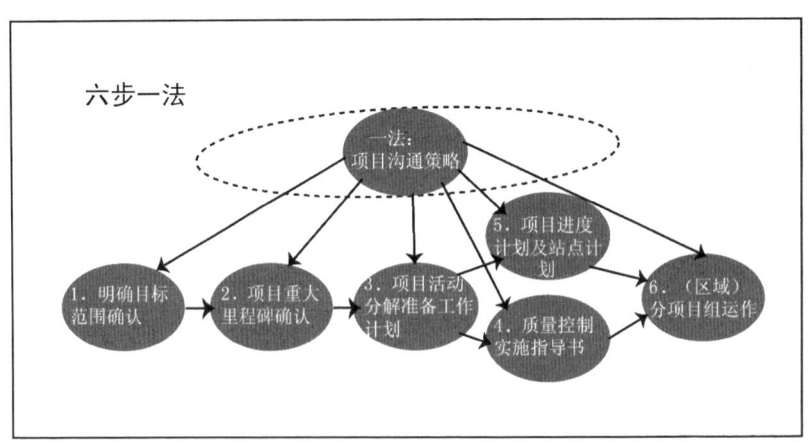

"六步一法"方法示意图

"六步一法"高度总结了华为项目管理的全过程，将重大项目在启动、计划、实施、监控及收尾阶段的各个活动标准化、规范化，给出了关键路径的指导。

第一步：明确目标、范围确认。

第一步的关键工作主要是对合同的解读，由项目经理牵头，召集客户经理、市场产品经理、分项目经理、技术总负责及项目组核心人员召开项目的合同交底会，将干系人的目标、交付的范围、分工界面等信息一一解读出来。明确的范围是项目输出可交付成果的关键要素。

第二步：制定重大项目里程碑。

确认了项目的目标和范围后，结合客户的需求和自身产品的生产、交付周期输出分区域的单产品里程碑。里程碑的输出有利于进行下一步的项目活动的分解。

第三步：项目活动分解、准备工作计划。

项目活动分解是项目计划阶段的关键步骤，项目活动的分解质量是项目走向成功的基础。在进行项目活动分解时，华为采用 WBS 工具，以项目目标和范围、项目里程碑、备货计划与实际信息、工勘计划与实际信息、客户配套工作计划和本期技术方案为输入，经过层层分解，输出项目进度计划初稿和项目活动分解。

第四步：质量控制、实施指导书。

项目的三重目标之一就是质量。通信工程项目的质量就是要符合项目干系人的需求，包括硬件质量、软件质量和客户满意度。硬件质量，通俗说就是设备的安装工艺符合要求；软件质量，一方面是指数据的设置规范符合客户规范，另一方面是指最终产品系统性能、产品功能符合合同中承诺的条款。质量控制的输入为项目目标和范围、项目重大里程碑、项目活动分解和各产品质量标准文档，质量控制的输出为质量控制管理计划书。

第五步：进度计划及站点计划的制订。

项目的进度计划及站点计划是华为项目各层级人员在进行项目实施时的基线，它的输入为项目进度计划初稿、人力资源计划和项目活动分解，输出为项目进度计划。项目进度计划的输出后，就能很清晰地掌握项目实施各阶段过程中的资源投入、资源分布情况，向华为的合作分包单位提出人力资源需求，完成合作分包的采购。

第六步：制定区域计划流程。

有了项目的进度计划、项目的活动分解，华为着手制定分区域、分项目组的管理计划，其中站点计划是通信工程无线产品项目管理的核心，站点计划集成了每个站点的实施活动、资源投入情况，也是华为绩效管理的基础数据。

一法：项目的沟通策略。项目经理90%以上的时间都用于沟通，沟通的目的在于把项目的进度要求、进度计划安排、质量要求和实施策略部署至项目的各层级人员，确保投入在项目中的所有人员目标统一，有利于项目朝预期的方向良好地前进。

沟通的形式主要有电话、会议、书面汇报等形式。沟通的对象大体分为项目组内部人员和客户两大块。项目会议主要有例会、项目分析会、阶段总结会、专题会议和开工协调会等形式，书面汇报主要有内、外部日报和周报、专题汇报等形式。

　　"六步一法"的推行，规范了项目经理的项目管理方式方法，使得华为项目管理体系得以推广、固化及优化。也使得宝贵的项目管理经验得以沉淀和传承。

第三节 目标要明确具体

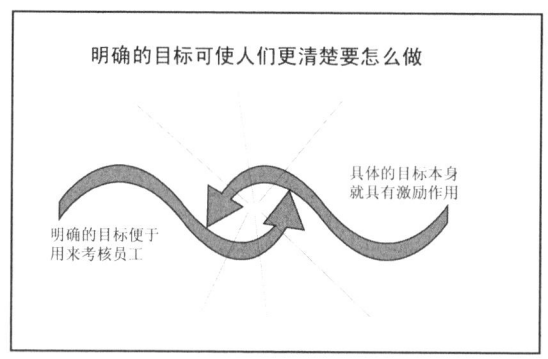

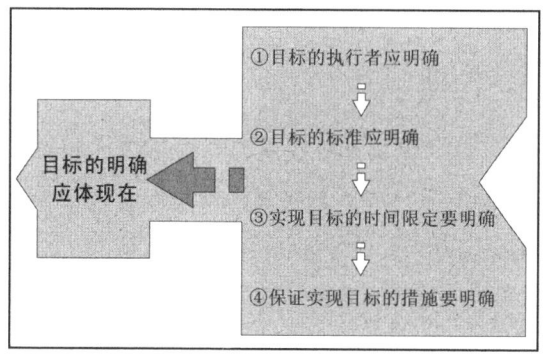

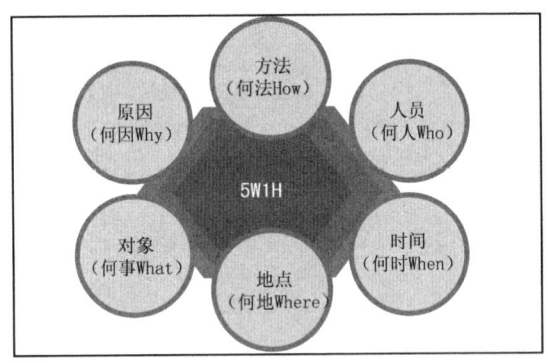

故事一：看不到目标比死还可怕

　　一位军阀每次处死犯人时，都会让犯人选择：一枪毙命或是选择从墙上的另一个黑洞进去，命运未知。所有的犯人都宁可选择一枪毙命也不愿意进入那个不知道里面有什么东西的黑洞。

　　一天酒酣耳热之后，军阀显得很高兴，旁边的侍卫大胆地问："大帅，你可不可以告诉我们从这个黑洞走进去之后到底会有什么结果？"

　　"没什么啦！其实走进黑洞的人只要经过一两天的摸索便可以顺利地逃生了，人们只不过是不敢面对不可知的未来罢了。"军阀回答。

　　看不到目标比死还可怕。很多人把别人的成功看作是运气，把自己的失败总结为命运不好，放弃了努力，把自己的命运交给上天。他们不知道一个伟大的奥秘，你的上帝就是你神圣的目标，只有他引领你去成功的殿堂与幸运之神约会。

 ### 故事二：知道自己的目标是什么

> 白龙马随唐僧取经归来，名动天下，被誉为"天下第
> 一名马"，众驴马羡慕不已。于是很多的想要成功的驴马都
> 来找白龙马，询问为什么自己这样努力却一无所获？
>
> 白龙马说：其实我去取经的时候大家也没有闲着，甚
> 至比我还要忙还要累。我走一步，你们也走一步，只不过我
> 的目标明确，十万八千里走个来回，而你们还是在磨坊原地
> 踏步而已。

通常，我们的悲剧不是无法实现自己的目标，而是不知道自己的目标是什么。成功不在于你身在何处，而是在于你朝着哪个方向走，并且能够坚持下去。没有明确的目标就永远不会达到成功的彼岸。

美国一位管理学专家说过："人们如果无法明确工作的准则和目标，他们必然无法对自己的工作产生信心，也无法全神贯注。"

制订目标之所以能够产生效果，秘诀就在"明确"二字；只有确立目标，才能获得成功。这也就是说，管理者在开始进行各种计划之前，都必须先把目标量化、具体化，以便对计划的进展与成效进行评估；再者，当外部情势有所变动时，也才能快速调整原定计划，采取更有效的方式予以因应。

所谓明确具体指的是项目目标应该尽可能地明细化、具体化。

因为每一名员工的情况各不相同，目标应该明确、具体地体现出管理者对每一位员工的项目要求。从目标设置的具体性来看，目标内容可以是模糊的，如仅告诉员工"请你做这件事"，也可以是具体明确的，如"请在三天内完成这批文件的修订"。比如：某客户经理的绩效目标为"三天内解决客户投诉"，而不是"尽快解决客户投诉"；人力资源部培训经理的目标是"第一季度 20% 的时间用于培训新员工"，而不是"尽量投入较多时间用于培训新员工"。目标用明确具体的描述性语言，可以使每个人都能理解为同一个意思。

明确的目标可使人们更清楚要怎么做、付出多大的努力才能达到目标，也便于用来评价个体的能力。很明显，模糊的目标不利于引导个体的行为和评价他的成绩。因此，目标设定得越明确越好。

此外，具体的目标本身就具有激励作用。只有将这种要求尽可能表达得明确而具体，才能够更好地激发员工实现这一目标的愿望和努力，并能够引导员工全面实现管理者对他的绩效期望。比如"一个月内使市场份额增加 3%"和"使市场份额有所提高"两个目标相比，肯定是前者更能激励员工全力以赴。

目标的明确应体现在以下四方面：

①目标的执行者应明确：是独立完成，还是协作完成？

②目标的标准明确：所期望达到的数量、质量、状态等界限必须要清晰。

③实现目标的时间限定要明确。

④保证实现目标的措施要明确。

另外，对行为目的和结果的了解，可以减少行为的盲目性，提高行为的自我控制水平。另外，目标的明确与否对绩效的变化也有影响。也就是说，完成明确目标的员工绩效变化很小，而目标模糊的员工绩效变化则很大。这是因为模糊目标的不确定性容易产生多种可能的结果。

让目标明确具体的 5W 1H 法

华为公司在管理工作中极其重视工作目标的明确性，他们的管理者深知：只有心中对目标有数，才能保证工作的顺利开展，才能保证对时间的整体把握和全程控制。任正非自称："我没有思考什么远大的理想，我正在思考的不过是未来两年我要做什么，怎么做……"两三年的目标看起来不甚远大，而一旦考虑清楚了"怎么做"，就会使这个目标变得明确化。通过这个明确的目标，行为者将选取一条最短、最便捷的路径，因而效率也是最高的。

5W 1H 是对选定的项目、工序或操作，都要从原因（何因 Why）、对象（何事 What）、地点（何地 Where）、时间（何时 When）、人员（何人 Who）、方法（何法 How）等六个方面提出问题进行思考。

1. 对象（What）——什么事情

这个项目生产什么产品？车间生产什么零配件？为什么要生产这个产品？能不能生产别的？我到底应该生产什么？例如：如果这个项目不挣钱，换个利润高点的好不好？

2. 场所（Where）——什么地点

生产是在哪里干的？为什么偏偏要在这个地方干？换个地方行

不行？到底应该在什么地方干？这是选择工作场所应该考虑的。

华为在国内的北京、上海、深圳、东莞等地均设立了研发中心。在靠近北京、上海等地建立研发中心，这是从人才构建方面考虑的，便于吸引京沪两地的高校毕业生和高端技术人才，解决华为的"脑力"问题；在深圳、东莞一带建立研发中心，则是从生产角度考虑的，利用了珠三角地区的产业配套环境，同时毗邻香港，出口通关也极其便捷。

3. 时间和程序（When）——什么时候

例如这个工序或者零部件是在什么时候干的？为什么要在这个时候干？能不能在其他时候干？把后工序提到前面行不行？到底应该在什么时间干？

4. 人员（Who）——责任人

这个事情是谁在干？为什么要让他干？如果他既不负责任，脾气又很大，是不是可以换个人？有时候换一个人，整个生产就有起色了。

5. 为什么（Why）——原因

做出某项决策前，管理者必会认真思考落实该决策的理由。例如，决定使用某项新技术前，会思考：为什么现在开发这项技术？这项技术会带来哪些收益？是否贴近市场？这项技术转化为产品后，是否能快速为客户所接受？

6. 方式（How）——如何

如何操作才能速度最快？如何操作才能更省时省力？如何避免失误造成的时间浪费？这是华为在目标明确过程中始终坚持的时间

概念。为解决这些问题，华为公司对于操作规范、流程优化、最有效工作和省时方法等极为重视，并为此制定了相应的奖励制度。

根据以上 6 个要点，结合项目实际，管理者在确定目标前，必须对大目标进行详细分析，力求做到目标的高度明确化。

第四节　用RACI矩阵明确团队职责

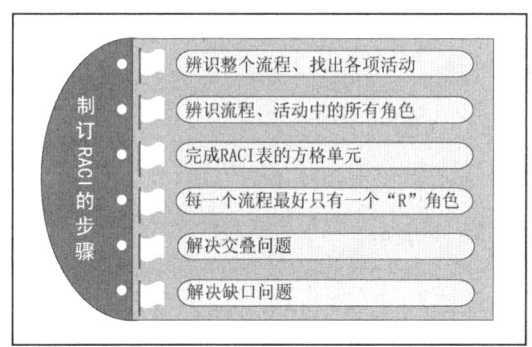

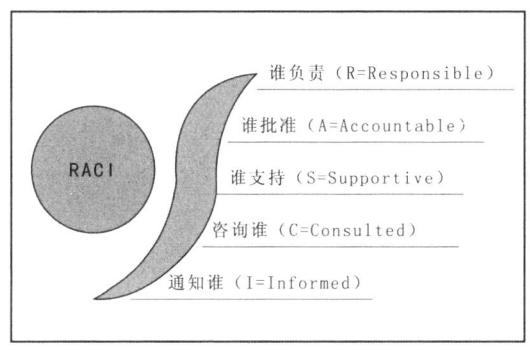

WBS 制作完毕之后，就要规划一个 RACI 表。很多人都知道WBS 的下一步是甘特图，却忽略了 RACI 表。

RACI 是一个相对直观的模型，用以明确组织变革过程中的各个角色及其相关责任。我们知道，变革过程是不可能自发或者自动进行的，必须有人对其进行作用，促使进程发生变化。因而，就很有必要对谁做什么，以及促发什么样的变革进行定义和描述。

除了 RACI 以外，还有 RASCI 或 RASIC 都是用来描述变革过程中的角色、任务的。

RACI 的具体含义

·谁负责（R=Responsible），即负责执行任务的角色，他 / 她具体负责操控项目、解决问题。

·谁批准（A=Accountable），即对任务负全责的角色，只有经他 / 她同意或签署之后，项目才能得以进行。

·谁支持（S=Supportive），即提供信息资源，辅助执行任务的人员。

·咨询谁（C=Consulted），拥有完成项目所需的信息或能力的人员。

·通知谁（I=Informed），即拥有特权、应及时被通知结果的人员，却不必向他 / 她咨询、征求意见。

RACI 模型通常利用 RACI 表来帮助讨论、交流各个角色及相关责任。

RACI 的步骤

1.辨识整个流程、找出各项活动，将它们记录在 RACI 表的左侧。

2.辨识流程、活动中的所有角色，将它们记录在RACI表的上方。

3.完成RACI表的方格单元：辨识每一个流程、活动的角色（R、A、S、C、I）。

4.每一个流程最好只有一个"R"角色，这是RACI的一般原则。当一个流程找不到"R"角色时，则出现缺口。当一个流程有多个"R"角色时，则出现交叠。

5.解决交叠问题。每个流程只能有一个"R"角色，以便明确流程的具体拥有者和责任。如果不止一个"R"存在，那么就要对该流程进行再分解，然而再对"R"进行分配。

6.解决缺口问题。如果某个流程找不到"R"角色，这时对流程或项目负全责的权威人士则应该在现有角色中（或者发现新人选）挑选、任命一人担任"R"。更新RASCI表，对各个角色及其相关责任进行阐述。

责任制有利于明确项目的问题所在。项目虽然只有一个，但项目中需要完成的工作确有很多，把每一项工作细分，并为这些工作制定责任人能有助于让每一个人行使主人的权利，只有当你希望别人来配合自己工作的时候才会认真地去配合别人的工作。

例如，某部门的编辑独自加班到很晚，主管问其他人，你们能做他的工作吗？每一个人都说可以。为什么不帮他一起完成呢？这件事情最有责任的是这个编辑，在她行使编辑这个责任的时候，她就是这件事情的责任人，她有权利要求部门的其他同事配合完成，但她没有这样做，所以产生加班。这样做的直接问题有两个，一是任务没能按时完成，二是当她这样做的时候心里想的是如果别人也有同样的事情，她也不会帮助，因为她自己的工作也没有要求别人来完成。其次就是这个项目里的其他成员，项目的时间表摆在那里，每个人都知道有这一项工作要在这个时段完成，但每一个人都没有主动伸手帮她一把，明显丧失了团队作战的责任心。所以责任是让你行使权利的一把剑，用好了能劈开前进道路中的荆棘，用得不好，会伤了项目伤了同事，伤了每一个人的心，让人变得更自私更矮小。

确定利益相关方相当困难，尤其是那些大型的、风险高，又有着重大影响的项目的利益相关方，他们不仅对工程本身感兴趣，对工程可能带来的收益更感兴趣。不同各方可能会有冲突的日程安排和彼此矛盾的要求，而且还会在要谁加入这个项目的问题上产生分歧。

比如说，正在修建新的办公大楼的市政参议会的股东名单跟某家工程咨询公司的股东名单就可能不一样。前者的名单一定包括想建办公大厦的开发商、建办公楼的工程公司、更想要一个城市花园的市民、研究可能带来的环境影响的顾问、市政参议会等等。工程公司的名单就短得多。项目经理需要搞清楚和确定的是：谁负责什么事情，还有各利益相关方都要做的决定是什么。

华为数通产品线曾经有这样一个案例：2008年，某产品版本规模大，维护困难，升级频繁，遇到问题处理流程非常慢，客户投诉不断。曾经有一个测试经理抱怨："一个问题定位转了26道手！竟有如此效率？！"

流程与规范的目的和牵引究竟是什么？是部门为了完成自己的指标，还是为客户提供更好的服务？该产品线开始深深地反思，终于发现了问题所在：责任不明确，结果导向不够。用一句很形象的话来总结："做好了，不知道表扬谁；做砸了，不知道批评谁！"员工对此现象的评价是："吃大锅饭最终的结果就是连锅都可能弄没了。"

于是产品线所在部门决心从组织、流程、人员等方面彻底进行根治。方法包括：对内，层层划分了"责任田"，进行组织优化与布阵点兵；开发、系统设计、解决方案、市场营销等领域各司其职，形成各道防线，通过责任催生自主性。对外，安排骨干员工参加顾客满意回访，上门去给客户道歉，倾听客户的需求、意见和抱怨。参与过这次回访的人感慨地说："听到了客户的抱怨，这回是真正明白了客户意识的重要性。"

经过一系列对以客户需求为中心的流程、规范的"倒梳理"，真正明确了内部责任，各流程进行有效衔接，流程简化了近一半，仅芯片的量产周期就提升了 50%，保持研发需求随时与客户内在需求同步，该产品线终于打了一个翻身仗。2009 年 11 月，在 Light Reading（轻读）举办的"2009 Top Picks"（2009 年最佳选择）活动中，华为 NE 40EUSR 获得"最值得购买的产品"的殊荣！

第五节 为项目工作制定优先级

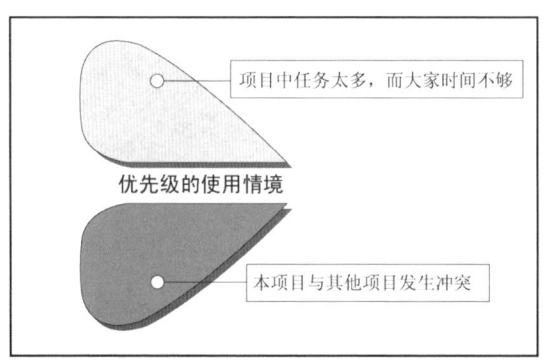

优先级是非常重要的一种手段，会在两种情况下使用：

一是项目中任务太多，而大家时间不够的前提下，选出主要任务来完成，先保证项目主体能完成，让项目可以交货，然后和收货方商量次要任务完成的时间。当一个楼搭起来的时候，你和业主商量可能窗户会晚装，是会得到谅解的，但当你把窗户装好，楼梯却没修好，是万万得不到业主谅解的。

二是与其他冲突的时候，又需要项目的主要的责任人去参与到另一个项目，这就需要和自己的项目主管上司和其他项目的主管上司商量，是否把项目的完成时间延后，或者再借用其他可以参与本项目的人进来把需要参与别的项目中的人借出去等等的解决办法，但最终的目的是要完成项目。

项目是一个细胞体，但人是由很多个细胞体组成的，所以往往有时候你会在几个项目里面，同时处理几个项目，这样首先你就需要在每个项目开始确定你的责任的时候把自己的工作时间和任务理清，再和项目经理确定自己可能需要的时间，以及可能完不成的时间点，这也是一个优先级的问题。

分析工作任务的优先级别

根据任务带来的价值和时间损耗情况，由管理者或员工个人定期对工作实施类选法。我们可以将项目任务分为 3 组，即"现金牛"级、"明星"级和"瘦狗"级。

"现金牛"级工作任务是指能够带来最大价值的任务，是员工最重视但无需立即或紧急关注的任务。

"明星"级工作任务需要最优秀的人员来操作，并需要大量时间来完成。

"瘦狗"级工作任务的完成不会带来什么价值，却会浪费大量的时间和精力。

关注可能带来大价值的工作任务

在设定优先级别的过程中，"现金牛"级任务代表着排名前 20%的工作任务。不要认为这类工作任务的成功完成是理所当然的事，项目经理和团队成员只有尽力提升个人能力，并不断改善工作中的不足之处，才能通过工作任务来创造巨大价值。

如果花费足够的时间和足够的关注就可能创造巨大价值，那么这类工作任务就是具有潜力的"明星"，是未来的"现金牛"。这类任务具有较高的优先级别，应优先处理。

某核心供应商某工厂意外火灾，产能突降15%，因高层重视，公司上下齐心协力，提升了华为供应的优先级，使华为规避了灾害引发的供应风险，有效支撑了华为4G项目的交付，确保了多个重大市场项目的交付。

无论投入多少时间和精力都无法获得价值的工作任务，属于项目团队成员工作的"滞后事项"，对于这类工作，应果断地予以放弃。华为某位员工这样写道：

以前我曾经每个晚上、每个周末都在家加班工作，我经常在多个项目里挣扎并且尝试同时把它们做好。这样的工作让我非常疲惫，经常是一回家倒在床上就睡着了。以前，我以工作了多少个小时、在一天或一周内完成了多少工作来作为我工作投入的评价方式。

后来我逐渐认识到，这不是努力工作，而是时间管理差的表现，我对自己的优势和技能缺乏了解，无法平衡自己的工作和生活。于是，我开始尝试用不同的方式去工作，不再聚焦我的付出，而是根据工作重要性对其进行优先级排序，用最有效的方式完成最有价值的输出。比如，如果在一天里的某个时间段我的输出是最好的，我就会把最难的事安排在那个时候去做。而在过去，我会有一个长长的工作清单并且按照清单的顺序工作。

所以现在，一天的工作以后，我会很有满足感地回到家里，与我的家人一起享受休闲时光。而在周末的晚上，当我突然有一些好的主意或灵感时，我也会打开笔记本电脑，开始工作。这一切都是聪明工作的方式。

延伸阅读

为什么大多数项目经理觉得分配任务很难

在美国，"猴子在背上"已经成为经典企业管理譬喻。下面举个例子：经理张三交给员工李四去做一项任务。

执行中，李四发现问题"A"，于是向张三报告，请示怎么办。张三略微思考了一下，告诉李四，你"X"办。李四按照"X"方式执行，又发现了问题"B"，马上向张三汇报请示，"我按照'X'执行，出现了'B'问题，下面怎么办呢？"。因为"X"的方式是张三的主意，他只好继续拿主意：你"Y"办。不久，李四又带来了问题"C"，于是张三再提示"Z"。

后来，张三和李四就永远幸福地工作在一起了……

这究竟是怎么回事儿？为什么李四的任务，反倒成了张三和李四的共同任务？进一步说，若是最后任务失败，责任归谁呢？只怕是张三，而不是李四。因为李四每一步都是按照张三的指示执行。我们可怜的张三经理。

在上面这个例子中，我们是否发现一只猴子在蹦来蹦去？对，是"任务"。"任务"这只猴子一会儿在张三肩膀上，一会儿跳到李四身上，跳过来跳过去。威廉·安肯三世指出：事实上，不是风动，不是幡动，也不是心动，是责任在动。要锁定"责任"这只猴子，将其永远锁定在李四身上。为什么？其实，工作分派就是一种授权。接受了上级的授权，也就意味着要承担责任。管理者绝不应容忍"反向授权"行为，即部下将责任再推还给管理者，譬如例中的李四。

在中国职场，项目经理往往是项目的核心动力，离了项目经理就完全不转的项目比比皆是。而项目经理们也充分地认识到这一点，并常常过高估计自己的能力，从而过多地承担项目中的各种责任。其结果：项目组成员的猴子们，纷纷跑到项目经理肩膀上。

有两种方法可让你避免去背负别人的猴子。一种方式是训练猴子不要抬错脚，但更好的方法是，一开始便不要让它们把脚放在你的背上。

"我们"没有问题

假设你有四个部属向你负责。这是一个很优秀的小团队，而你就是团队的"教练""领导人"与"导师"。

在你们五个人当中，只有一个人有立场代表团队发言："我们有问题。"这个人是谁？正是阁下你。所以，当团队成员对你说："老板，我们有问题。"此人犯了越俎代庖的错误。你的部属没有立场替所有团队成员发言而说出"我们有问题"这样的话。

还有，当你的部属有问题找你时，他们大部分的目的不在于寻求解决方案，他们要的是一个能解决问题的人。

部属向管理者报告时，唯一的正确发言方式就是："我有问题。"如果他说的是："我们有问题。"那么，他就是越俎代庖。何以见得？因为他们不能代替老板发言。老板是团队之首，其他的人只是成员。除非这句话由老板来说，否则这绝对不是"我们"的问题。在老板说"我们有问题"之前，问题都属于员工。猴子的双脚都是稳稳地站在员工的背上，除非，猴子下定决心要跳到别人身上。

因此，当团队成员有问题来找你时，首先应该弄清的问题是：问题是什么？以及谁有问题？问题属于谁？如果他们认为问题是你的，那么谁要负举证责任？你抑或他们？举证责任永远由他们负责。如果他们不能证明问题是你的，那么，问题又该归谁所有？他们。这是你不必扛下问题的原因，因为问题不是你制造出来的。不要让指派造成问题，不必凡事指派。大多数管理者觉得分派任务很困难，何以如此？因为他们天天四处闲晃，无所事事；接着，他们把工作程序颠倒过来，将一只原本不属于自己的猴子从背上捉下来，放回原来主人的背上时，其痛苦犹如撕下贴在毛茸茸腿上的胶布。千万别试着去体验这种痛苦！如果你没让猴子跳上来，你就不必把它捉回去。

专业的猴子管理者

我和下属乔治在走廊上相遇时，猴子试着从乔治背上跑掉。但因为我自认是个专业管理者，我会立刻把那只小猴子抓回它原来应该待的地方。

乔治和我在走廊上碰面了，他跟我说："嗨！安肯，我们有问题。"我现在不要把"我们"变成一个议题，我待会儿再来处理这一点。所以，我们就在走廊上花了30分钟讨论这个议题。30分钟之后，我说："乔治，我不知道时间过得这么快，但我有事要办。我们对这件事情只是略知一二罢了，还需要进一步考虑。"在此情况下，"进一步考虑"这只猴子还很模糊、很不具体！

"乔治，在公司里面，要对这件事情进一步考虑的人，我只能想出两个人——你和我。现在，既然我是上司，你就要负责把事情做进一步的考虑。因此，下午四点半，到我办公室来一趟，提出可行的进一步想法，要仔细考虑我对提案的接受习惯。"

我把他放在哪一个自由范围里？提出建议，根据和我谈话的内容提出行动方案。

现在猴子在哪里？在他的背上。谁扮演员工的角色？他。我扮演怎样的角色？上级指导的角色。

这就是为何下午两点钟左右，我会经过走廊——现在有时间，因为我不必背着部属的猴子——探头进他的办公室说："嗨！乔治，你的猴子现在处理得如何？"

请记住："事情进行得怎样？"这句话是为了弄清谁才是管理者，万一他忘记的话。

现在是下午四点半，如果他没出现在我的办公室，我们称此情形为"不服从"；因为，要求部属提出一些成果，并非不合理。如果他四点半来到我的办公室，却毫无想法，我们称此情况为"不服从"；因为，要求他提出想法，并非不合理。但如果在此阶段要求他有很好的想法，可能就不太合理。

他的桌上摆着心爱的老婆和三个可爱小孩的照片，他甘冒不服从罪名的概率有多大？几乎是零。但如果我告诉他："让我再想一遍，之后我再告诉你怎么办。"我——身为管理者——能在下午四点半想出点子的概率有多大？几乎等于零。所以，我们现在对这个游戏已经渐入佳境。

千万记住"猴子"的定义：两人谈话结束时的下一个步骤。

所以，无论问题是什么，部属永远是承接下一个步骤的那一方。这一点相当重要，原因有二：第一点，让部属自我规范说出："我有问题。"你自然就具备分派任务的能力。如果他们说："我们有问题。"除非你先解除你所遇到的问题，把问题丢还给他们，否则你无法分派任务。如果他们劈头便说："我有问题。"分派任务变得更简单。顺其自然，保持现状即可。

（本文摘编自《别让猴子跳回背上》，作者：威廉·安肯三世（William Oncken Ⅲ），陈美岑，译. 浙江人民出版社，2013）

如何避免项目范围蔓延

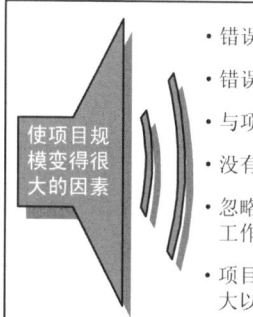

为什么范围蔓延经常发生? 该做些什么事情才能管理好范围?

你是否曾在边界扩大了的项目里工作过?

或者更为重要的是, 你是否曾在范围没有扩大的项目里工作过?

范围蔓延通常被定义为 : 计划之外的项目规模扩大。我们如何避免它? 是否可以既有效率又有效果地控制和管理我们的业务流程改进项目? 答案是, 完全可以! 几乎每个参与过项目工作中的人都遇到过项目范围蔓延的问题。这就像压缩海绵, 当它掉入水中时会发生膨胀, 变成原来尺寸的 10~20 倍, 这是因为它的边界 (塑料胶囊) 被溶解了。同样, 项目边界的消失也会导致项目范围蔓延。为了防止范围蔓延，我们有必要正确地去定义问题根源。

如果我们分析范围蔓延的根本原因，可以发现以下主要问题：

错误地定义了流程以及没有认识到所有流程都是相互连接的。

错误的人在定义范围。

与项目相关的术语没有被定义。

没有定义流程之间的高层次界面。

忽略了对这些分界面的"体检"工作。

没有意识到这样一个问题：项目的某些方面会使项目规模变得很大以至于无法管理。

1. 错误地定义了流程以及没有认识到所有流程都是相互连接的

这些问题不是与我们做过的工作有关，而是与没做过的有关。所有问题皆始于组织如何定义业务流程。当问及业务流程如何定义时，我经常得到这样一些回答：它是使输入变成生产结果的一组业务活动。流程有两个特点很少被提到：第一，几乎所有的流程都是跨职能的；第二，几乎所有流程都是相互连接的。如果你项目中的一个"流程"只包含了一个职能部门，那么极有可能是：你原始的项目范围只包含了流程的一部分，到最后，项目范围将包含整个流程。

2. 错误的人在定义范围

引起流程改进项目范围蔓延的第二个原因是：我们并不经常有正确的成员来定义流程。成员们必须是相关职能部门的高级经理，他对业务及存在的问题有非常全面的认知。定义流程的边界是这些成员的职责。比如，确定流程从哪里开始哪里结束。这些团队成员还必须具备调动资源的权利，以防项目边界被界定了，但是项目所需的资源却找不到的情况发生。

我们再来看看订单管理流程改进项目。这个流程是否开始于电话铃响？或者开始于签订单？还是开始于信用被认可，产品的有效性被确认？这个流程在什么时候结束？它是否结束于"已发运"？还是结束于产品送达或产品验收完毕？我们定义项目边界所采用的方式会一次又一次地影响项目本身。这会影响到我们从什么人那里得到输入，我们的核心团队应该包含哪些人，我们要衡量什么，我们如何设立我们的愿景，当我们重新设计流程或者改进流程时，哪些范围的变化应该被列入。

当由正确的团队来定义范围时，这个团队也可以保证资源的获得。不要让任何其他人来做你的工作，这会给范围蔓延以可乘之机。

3. 与项目相关的术语没有被定义

我们必须要讨论与项目相关的术语，以便让所有项目参与者及流程当事人对术语的含义达成共识。大多数时候，我们"假定"每个人对流程的理解保持一致，这是流程项目过程中的众多"假定"之一，这些假定通常都不准确。我们虽然假定每个人对流程及流程中用到的术语都有一个清晰的认识，但不幸之处在于，这些假定仅仅是假定，并非事实。只有当我们深入项目并开始质问、反思时，我们才能精确地定义出这些术语。通常，术语的定义也会使项目定义发生改变。举个例子，提到美国的比萨，我们脑海中就会形成一个非常明确的画面。但是，假如你在意大利、匈牙利或者其他国家点一份比萨时，送来的很可能是非常新奇的类似于矩形的比萨，有些比萨上面还有煎蛋和玉米。这表明，我们不能假定所有人都理解项目中所使用的术语。比如对于会计人员，Fasby 应该是 FASB（美国财务会计准则委员会），但你如果不是会计人员，就不会明白这个双关语，可能会以为这只是一只狗的名字。

4. 没有定义流程间的高层次界面

流程间的高层次界面必须定义，为此必须要知道项目所考虑的流程是什么，该流程与其他流程的分界面是什么。换句话说，哪些流程影响了该流程，或者被该流程影响了，是什么产生了界面，或者是什么在流程及其他利益相关者之间流动。我们把这些界面定义为IGOEs（输入、支配、输出、使能）。通常，一个组织很难定义这些界面，因为他们连流程本身都还没有定义清楚。因此，如果一个组织没有定义它的流程，那如何能确定项目的范围？典型的情况是，项目中涉及很多的组织职能模块，这说明我们从一开始就意识到范围会蔓延（缺乏准确的流程定义）。因此，我们需要定义一些高层次流程界面。

那么，需要花多长时间来定义高层次流程？我们的项目时间有限，而且不能在与项目无直接关联的事情上投入太多时间。通过经验可得，如果有正确的人在会议室内，这项工作在半天内就可以轻松完成。从一开始就投入时间来定义高层次流程是值得的，这能确保你知道流程改进项目在这个大流程图中处在哪个位置。大流程图的真正价值在于我们能不断地用到这张图，当我们知道所有的流程界面时，就完成了所说的范围分析。

5. 忽略了对这些分界面的"体检"工作

我们需要对所有界面进行分析，以确定每个界面都是完好的。这样做的目的是把我们的精力集中在真正重要的地方，切实地知道能影响什么不能影响什么。为此我们必须问一些问题：哪些运作得好，哪些不好？哪些不可能改变? 哪些会在给定的资源和时间限制内耗费我们大量的时间? 这种新认识的结果就是范围变更。这意味着, 所有包含在边界里的东西都有可能以某种方式发生改变。这就是我们的项目范围定义。

6. 没有意识到这样一个问题:项目的某些方面会使项目变得很大以至于无法管理

我们必须把现实情况考虑在项目范围中。比如, 如果项目范围是一个大型金融机构的支付流程, 我们需要考虑, 是检查所有的支付类别, 还是只检查少数几种主要的(对组织的风险和期望酬金有最大影响)支付类别。

总之, 项目范围可以管理得更好吗? 当然可以! 流程改进项目的挫败通常是不知道怎么处理项目范围问题所造成的。你现在已经有知识、有能力、有效率、有效果地去控制你的项目了!

(本文摘编自《如何避免项目范围蔓延》;作者:KathyLongProcessRenewalGroup;编译:龚武群,来源:商业评论网,2010)

项目执行

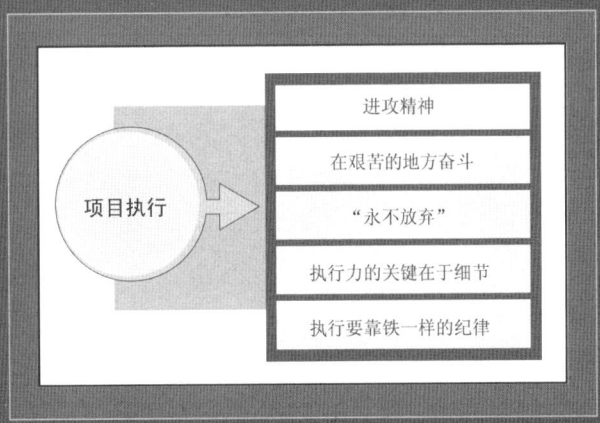

HUAWEI

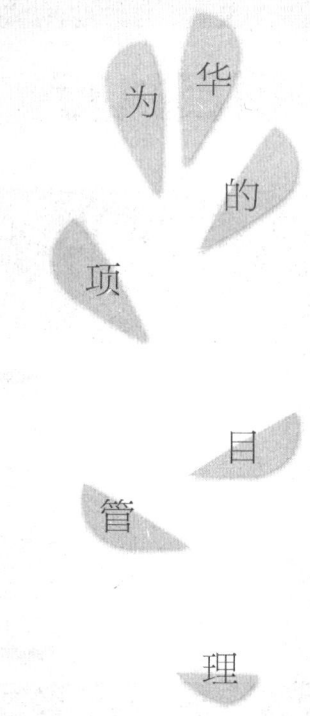

华
为
的
项
目
管
理

第一节　进攻精神

　　狼群有着不屈不挠、奋不顾身的进攻精神，不达目的决不罢休的姿态——再强大的对手也有它的弱点，只要坚持不懈必有收获。一旦下定决心，狼群的追杀便是被猎者的催命符，很少有猎物能从狼嘴下脱身，狼不懂什么时候该停下来，这种不达目的决不妥协的本性，让每一个对手震撼。

　　任正非在他的一次题为《华为的红旗到底能扛多久》的讲话中提到："企业要想前进，就是要发展一批狼，狼有三大特性：一是敏锐的嗅觉；二是不屈不挠、奋不顾身的进攻精神；三是群体奋斗。"

　　其实，从华为的实践来看，华为特殊的狼性精神实质就在于追求卓越的进攻精神，这是华为"狼性"的核心。因为在目前的这些中国企业里，能够做到迅速抓住商机和群体团结奋斗的不在少数，但是能够像华为这样富于进攻精神的却十分少见。从华为的各种表现中，我们可以很明显地感受到这种精神存在的强大影响力。

　　当它还是深圳南山区南油工业区一栋七层高的破旧大楼五楼里的一家小公司的时候，华为便将自己定位于"世界一流的电信设备供应商"，并在后来的《华为基本法》中进一步明确为："华为的追求是在电子信息领域实现顾客的梦想，并依靠点点滴滴、锲而不舍的艰苦追求，使我们成为世界级领先企业。"《华为真相》的作者程东升曾对华为起家时租用的那栋旧楼有如下的描述："那栋大楼每一层实际上都是仓库型的房屋。华为公司当时就占用了十多间仓库。在仓库的另一头用砖头垒起墙，隔开一些单间，员工就住在这些单间里。仓库很少有窗户，这些隔开的单间更是没有阳光，隔墙只垒了一人高，顶上是空的，方便空气流通及采光。"在这么简陋的条件下，提出那样的目标，在许多人看来应该是像我国其他许多民营企业那样患了狂躁症。然而，今天摆在我们面前的事实是华为做到了，华为成了世界顶级电信设备供应商们的梦魇。

客观地说，华为在很多方面的想法和同时代的通讯企业差别不大。但是与那些企业不同的是，华为在说了之后，马上就能表现出一种不断追求卓越的进攻精神，并且一步步去努力实现这一目标。不论是 C&C08 机的研制，还是七八年都没有获得任何利润却仍然投入巨资持续开发的 3G，华为表现出来的是一种一旦瞄准目标，就会一步一步，脚踏实地，不达目的誓不罢休的精神。而与此同时，其他企业更多表现出来的则是一种狂躁的冒进。比如，三株曾在《人民日报》上刊出的第一个"五年规划"中的目标为："1995 年达到16 亿至 20 亿元，发展速度为 1600% ~ 2000%；1996 年增长速度回落到 400%，达到 100 亿元；1997 年速度回落到 200%，达到 300 亿元；1998 年速度回落到 100%，达到 600 亿元；1999 年以 50% 的速度增长，争取 900 亿元的销售额。"这样的目标加上"向前切入销售，向后切入科研"的方式，使三株开始了盲目多元化的经营。其将产业触角延伸到了医疗、精细化工、生物工程、材料工程、物理电子及化妆品等六大行业。短短四年间，母、子、孙公司管理层扩张了100多倍，这也成为三株最后迅速衰落的深层次原因。在华为的发展中显然没有这么疯狂的举动。

在上述比较中可以看出，华为的成功所依靠的是追求卓越、脚踏实地的进攻精神，这种精神使得它步步为营，从点滴处入手，逐个打败竞争对手。华为就是用实际行动瞄准业界最佳，向朗讯、贝尔实验室、西门子、阿尔卡特、爱立信、诺基亚靠拢，努力在跟随中赶超。根据发展现状，华为目前制订了一个将电话交换机与接入网产品达到世界级领先水平的计划，通过完成这个计划，华为将跻身第一流的窄带通信设备供应商行列。

可以说，华为全方位的进攻精神已经渗进其经营和管理的各个方面，华为的人海战术，就是华为文化中全方位进攻战略的一个突出表现。这种人海式的营销方式使得人们几乎能够在任何可能存在业务的地方看到华为营销人员的身影。

举个例子来说，在我国，县局一级的邮政机构一般都无订货权，但在建设计划的上报、设备的选型、组网配置等方面，县局还是具有一定推荐权的，且设备的最终使用者还是县局，所以县局的意见市局会作相应考虑。这点华为当然不会忽视，在华为的营销人员看来这就是可能使业务达成的一个有力的影响点。因此，与华为有业务往来的每个县局都有华为的销售人员蹲点，目的只有一个，就是与用户保持沟通，了解用户的网络情况，建设规划，并与用户一起规划网络，并能及时解决在使用设备时的各种问题，而这些恰恰是其他厂家特别是国外厂商所无法做到的。

华为的营销团队为了能够达成业务，总是在尽力拉近和顾客的关系，其方式之多，让人叹为观止。在《华为真相》中就曾提到："为了能和客户搞好关系，有的华为员工能把电信管理局上上下下领导的儿女上大学、爱人去深圳看海、家里换煤气罐等所有家务事都包了；能够冒充别的企业的人，从机场把对手的客户接到自己的展厅里；能够比一个新任处长的朋友更早得知其新的办公地址，在他上任第一天将《华为人》改投到新单位。"

此外，为了争夺对手的地盘，华为的销售团队往往会被授意采取猛烈的价格进攻，采取一切可能的手段打击对手的利润和销售目标，阻挠其在该市场的进展，逐步取而代之。

华为这种进攻精神在任正非身上更是得到了突出的体现。当初，华为刚刚靠代理其他企业的交换机有了自己的第一桶金，任正非就毅然决然地把全部资金投入到数字交换机的研究开发上，当研发中出现问题资金不足时，任正非竟冒险向大企业拆借利息高达20%～30%的资金继续跟进。任正非当时的态度就是："如果研发失败，我只有从楼上跳下去。"这件事充分显示出了任正非身上的进攻精神。或许也正是任正非的这种表现更加刺激了华为的进攻性。

在华为团队的身上，进攻精神随处可见，但其中有一点最能体现出华为的这种文化内涵，这就是华为集中最优秀的资源不断主动向比自己实力强大的竞争对手发起挑战的压强原则。

在《华为基本法》第二章基本经营政策中第二十三条规定"我们坚持'压强原则'，在成功关键因素和选定的战略生长点上，以超过主要竞争对手的强度配置资源，要么不做，要做，就极大地集中人力、物力和财力，实现重点突破"，"对优秀人才的分配，我们的方针是使最优秀的人拥有充分的职权和必要的资源去实现分派给他们的任务"。

华为是这么说的，也是这么做的。任正非在一篇名为《迎接挑战，苦练内功，迎接春天的到来》的讲话中提到："海外市场有很大的前景，到海外去。从非洲抽调一些英勇奋战的有经验的员工补充到欧洲、西欧和东太平洋地区部，再从国内调一些人到非洲。"这就是华为把优势资源集中使用的典型事例。

在英国电信的竞标中，华为敢于和众多世界一流的通讯厂商同场竞技，并最终凭借自己的实力脱颖而出。由此可以看出，追求卓越的进攻精神已深入到华为的方方面面。

事实上，也正是在这种追求卓越的进攻精神的驱使下，华为才能够紧紧把握住时代发展的命脉，由一个市场的追随者经过一步一步的提升，以大于 10% 的研发投入实现并努力保持行业的领先者位置，而且，通过无依赖的市场压力传递，使内部机制永远处于激活状态，终于演变成以"经营客户"为核心理念的国际化 IT 厂商。这确实可以说是一个了不起的成就。

第二节 在艰苦的地方奋斗

从 20 世纪 90 年代中期，中国通信市场竞争格局也在悄悄发生改变，国内、国际市场的竞争更加激烈。国际市场萎缩，影响了中国企业拓展海外市场，同时海外通信设备巨头在国外出现需求紧缩的情况下转而加大对中国的攻势，给华为等国内通信设备企业造成很大的竞争压力。几乎与此同时，华为开始了海外业务的拓展，对于刚刚在国内市场站稳脚跟的华为，风险和挑战可想而知。

华为有十万多名员工，其中海外员工有两三万人，每天在空中飞行的华为员工大概有 1400 人。可以说，华为的国际化之路一直伴随着汗水、泪水甚至是殉职。2008 年，在国际金融危机冲击下，爱立信等世界电信巨头业绩纷纷滑坡，而华为全球销售收入同比增长42.7%。没有华为员工"忘我努力地工作"，以及众多华为团队成员在海外的艰辛奋斗，取得这样的业绩是不可想象的。

在非洲等地，华为团队需要面临更多方面的压力。据华为一位在非洲工作的员工讲述，他所在的办事处在过去的两年时间里，一共被洗劫了两次，外加一次洗劫未遂，而歹徒每次都是"一锅端"，除了内裤什么都没留下。在非洲工作的同事还要时刻对抗另一种危险——疟疾，一旦染上，重则有生命危险，轻则会给以后的健康埋下祸根。当然，这些都只是华为海外员工工作经历的缩影而已。

任正非说道："中国是世界上最大的新兴市场，因此，世界巨头都云集中国，公司创立之初，就在自己家门口碰到了全球最激烈的竞争，我们不得不在市场的狭缝中求生存；当我们走出国门拓展国际市场时，放眼一望，所能看得到的良田沃土，早已被西方公司抢占一空，只有在那些偏远、动乱、自然环境恶劣的地区，他们动作稍慢，投入稍小，我们才有一线机会。为了抓住这最后的机会，无数优秀华为儿女离别故土，远离亲人，奔赴海外，无论是在疾病肆虐的非洲，还是在硝烟未散的伊拉克，或者海啸灾后的印尼，以及地震后的阿尔及利亚……到处都可以看到华为人奋斗的身影。我们有员工在高原缺氧地带开局，爬雪山，越丛林，徒步行走了8天，为服务客户无怨无悔；有员工在国外遭歹徒袭击头上缝了30多针，康复后又投入工作；有员工在飞机失事中幸存，惊魂未定又救助他人，赢得当地政府和人民的尊敬；也有员工在恐怖爆炸中受伤，或几度患疟疾，康复后继续坚守岗位；我们还有三名年轻的非洲籍优秀员工在出差途中飞机失事不幸罹难，永远地离开了我们……"

任正非感慨道，华为的国际化，伴随着汗水、泪水、艰辛、坎坷与牺牲，一步步艰难地走过来了，面对漫漫长征路，华为还要坚定地走下去。

华为巴基斯坦代表处团队作为华为海外最大的代表处，员工超过千人，本地化程度高。代表处的华为员工们认为，工作的确是很艰苦，但也获得了更多的经历及体验。比如，在1494号站附近，据说那是巴基斯坦最热的地方。有一次，代表处员工的车开到水里去了，员工们就只好下去推车，没有想到水居然非常烫，像开水一样；在山顶上，能欣赏到在地面、峡谷刮起的龙卷风，由远及近，有时会同时看到四五个龙卷风，飞沙走石，场面非常壮观。这些都是工作给华为员工带来的奇妙经历。

面对艰苦的环境和高强度的工作压力，华为人没有被吓倒，而是以一种乐观、积极、自然的心态去面对，并从工作、学习、奋斗、追求、进步中去领悟自己的那份成就感与幸福感。

华为内刊《华为人》上，一位曾在阿尔及利亚工作的华为人记述着这样一个故事：

生活是美好的，前途是光明的，但道路是坎坷的。在阿尔及利亚，工作之外最困难的是衣食住行。

第一次来阿尔及利亚，走在去安纳巴的路上，忽然来了两辆警车，一前一后地把我们夹在中间往前走。我觉得很惊奇，出了什么事吗？同事笑着对我说，不要惊慌，在这里，他们是接到信息后专门来保护外国友人的。哦，原来如此。一路上，警车开道，好不威风！到了目的地，当我们一定要请警察兄弟们吃顿饭时，他们却礼貌地拒绝了，把我们交接给当地警方后，很快就回去了！真是让人感动至极！

当我和大家谈起这件事时，一位在阿尔及利亚生活工作了多年的朋友说，以前在首都，我们去买菜，警察都是派车来保护的。啊，可爱可亲的阿拉伯兄弟！慢慢地，我才知道，中国和阿尔及利亚有很好的邦交关系，20世纪50年代，中国就与阿尔及利亚建立了外交关系，目前已经有近半个世纪的情谊了！

饮食上，很多同事都不习惯。我们吃惯了中国菜，在这里，只有"棒子"面包、比萨饼和沙拉，很多同事甚至还更愿意吃国内带来的方便面。

以前，阿尔及利亚物品极不丰富，想买东西很难买到，尤其到了冬天，这里的蔬菜更少，偶尔可以从中国建设集团的工地上买到"老干妈"，立即觉得生活质量上了一个档次。近一年，情况有了较大改观，一方面，公司总部每两个月会给我们寄一些慰问品；另一方面，阿尔及利亚北部有了几个小菜市场，代表处也优化了食堂。在饮食上，大家觉得比以前好得多了。闲来无事时，我们也从网上搜索一两个喜欢吃的菜的烹饪方法，自己尝试做两个"中国菜"，打打牙祭！有同事笑着说，吃了自己做的菜，半年不想家了！

同时，我们积极地融入当地生活中，经常在周末和本地员工、当地朋友来一个烧烤，或者邀请客户打场篮球、踢场足球。生活在不断地更新、变化着，我们深深地感受到了阿拉伯民族的友好和热情，每到一处，都能感受到主人的地主之谊。闲暇之余，和他们一起谈天说地，一起吃手抓羊肉品尝咖啡，一起感受沙漠的深奥，一起欣赏地中海风情。

在 2006 年的刚果（金）首都金沙萨，由于不接受总统选举落败的结果，副总统本巴的卫队与总统卡比拉的卫队发生了武装冲突。战事最激烈的时候，华为员工所在的宿舍楼被交战双方包围了起来。办事处 30 多个工作人员来不及撤离，全部被困住了。他们无计可施，只能自祈多福，希望火炮不要打偏了。

任正非说道："你们要加快自己成长的步伐，在艰苦的地方奋斗，除了留下故事，还要有进步。""不要说我们一无所有，我们有几千名可爱的员工，用文化连接起来的血肉之情，它的源泉是无穷的。我们今天是利益共同体，明天是命运共同体。当我们建成内耗小、活力大的群体的时候，当我们跨过这个世纪，形成团结如一人的数万人的群体的时候，我们抗御风雨的能力就增强了，可以在国际市场的大风暴中搏击。"

第三节 "永不放弃"

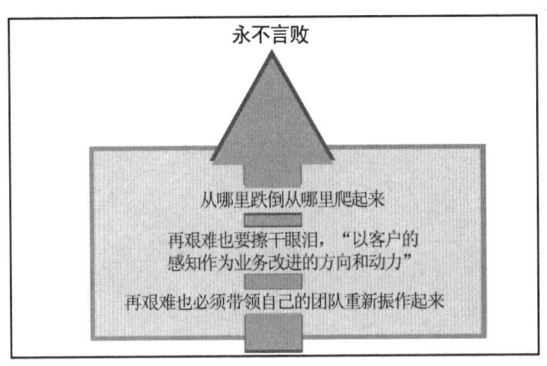

"二战"时期，英国在气势汹汹的德国纳粹军队攻击之下危如累卵。在没日没夜的轰炸声中，丘吉尔却在广播之中对全国人民咆哮道："Never never never give up！"（永不放弃）

在剑桥大学的一次毕业典礼上，整个会堂有上万名学生，他们正在等候丘吉尔的出现。在隆重但稍嫌冗长的介绍之后，丘吉尔在他的随从陪同下走进了会场并慢慢地走向讲台，他脱下他的大衣交给随从，然后又摘下了帽子，默默地注视所有的听众，过了一分钟后，丘吉尔说了一句话："Never give up！"丘吉尔说完后穿上了大衣，戴上了帽子离开了会场。这时整个会场鸦雀无声，一分钟后，掌声雷动。

2010年初，叙利亚最大的移动运营商叙利亚电信进行网络改造，这是华为战略机遇。如能成功，华为将在未来数年的耕耘中取得良好的市场格局；但若竞争失败，又必须再等待几年才有机会。

一时间，华为叙利亚代表处各部门都被调动起来了；而客户的门槛前，也是各路人马涌动，空气中弥漫着"硝烟"的味道，激烈的竞争气氛让人觉得透不过气来。那段时间，叙利亚代表处团队负责人每天晚上做梦都是在拼项目。在代表处异常艰苦的努力下，客户渐渐和华为形成了良好的互动关系。

然而，市场竞争瞬息万变，友商采取了让人始料未及的一步到位的商务条件和交付承诺，以迅雷之势和客户达成一致并封单，赢得绝对份额，而华为却只获得少得可怜的合同。

希望与梦想，在冷冰冰的现实面前破裂。

这一切来得太快太突然，代表处所有人几乎不相信这是真的。面对这样的情况，叙利亚代表处团队负责人的心情陷入了谷底："难道就这样完了？"

此时的代表处，被失败的气氛所笼罩，团队士气低落。叙利亚代表处团队负责人明白，再艰难也必须带领自己的团队重新振作起来；再艰难也要擦干眼泪，"以客户的感知作为业务改进的方向和动力"，从哪里跌倒从哪里爬起来，永不言败！

面对该运营商严峻的市场形势，叙利亚代表处团队负责人组织代表处成员果断决策，积极进行组织调整，强化面向该客户的"铁三角"运作，重组与客户组织匹配的交付团队，结合公司组织的"网上问题清零行动"，把累计问题，客户不满逐条分析，逐条改进，真正"清零"。

叙利亚代表处团队负责人要求系统部所有人员微笑上岗，"大单丢了，小单我们还要做，做好"，决不可流露任何"破罐子破摔"的悲观情绪，"虽然暂时败了，但并未倒下"！系统部服务主管也开始强化对高层客户定期汇报；协调地区部交付主管频繁到访……

一系列的动作，一系列实际交付案例的成功，客户的感知开始渐渐地好起来……

正当叙利亚代表处团队负责人在地区部参加述职会议之际，叙利亚移动系统部主任打来电话：因友商的过度承诺，交付出现问题，客户希望华为能借 80 套基站救急！

叙利亚代表处团队负责人敏锐地意识到，这是稍瞬即逝的机会，便马上购买当天的航班辗转三个国家返回代表处。

"借与不借，这是个问题。"在系统部需求分析会议上，多数人认为应急客户所急，尽快将基站借给客户，赢得客户信赖的同时并以此作为切入点，一步步争取翻盘的机会。

面临决策，会议上的所有人都把目光投向团队负责人，叙利亚代表处团队负责人说道："接到系统部的电话后，我反复想了很多，也向地区部领导做了汇报，我们认为，咱们不借这 80 套基站，要借就借 2000 套！请大家 2 天内制作出一份整体搬迁解决方案及交付计划，我们要实现从 0 到 100％的扭转！"

在机关，地区部集中支持下，2 天后，一份来自华为的 Offer 已经摆在了客户的办公桌上，精准的 Offer 条条切中了客户的需求。经过仔细评估，客户重新选择了华为！华为一举成为该运营商最重要的战略合作伙伴。

第四节 执行力的关键在于细节

执行力对项目来说是至关重要的，它的强弱不但关系着每个员工的工作效率和工作质量，关系着企业形象和项目的开拓及份额的占有，而且还直接关系着企业的生存和发展。

我们常常会看到这样的情况：有了一个好的创意或项目，企业也步入了"做正确的事"的轨道，所需资金也不缺，各类人才也都聚集到旗下，但是，企业仍是与赢利无缘、与成功相错。

为什么？这样的困惑，相信不是个别企业家的"专利"，而是已成为众多企业老板在很长时期内解决不了的一道难题。许多企业家在现实的管理中也终于意识到了：原因在于执行，是员工在执行过程中有些事没有做到位，忽略了细节的重要性。

丰田公司有一个项目，就是设计出适合美国人使用的汽车。这个项目团队曾派人到美国用户家中去调查。一位日本人以学习英语为名，跑到一个美国家庭里居住。奇怪的是，这位日本人除了学习以外，每天都在做笔记，美国人居家生活的各种细节，包括吃什么食物、看什么电视节目等，全在记录之列。三个月后，日本人走了。此后不久，丰田公司就推出了针对美国家庭需求而设计的价廉物美的旅行车，大受欢迎。该车的设计在每一个细节上都考虑了美国人的需要，例如，美国男士（特别是年轻人）喜爱喝玻璃瓶装饮料而非纸盒装的饮料，日本设计师就专门在车内设计了能冷藏并能安全放置玻璃瓶的柜子。直到该车在美国市场推出时，丰田公司才在报上刊登了他们对美国家庭的研究报告，并向那户人家致歉，同时表示感谢。

这件发生在20世纪90年代的小事说明了丰田公司市场调研的精密程度。正是通过这样系列、细致的工作，丰田公司很快掌握了美国汽车市场的情况，终于制造出了适应美国人需求的轿车。

日本汽车业的成功并不让人感到意外。尤其是他们在质量控制方面那种驾轻就熟的本领，无疑值得全球汽车业仔细玩味。

很多时候，执行力的强弱，关键在于细节。所谓"成也细节，败也细节"，细小的地方不注意就会造成大的漏洞。

20世纪50年代，美国人爱德华兹·戴明提出了在质量管理中引入统计学的理论，也就是说，通过数据来检验质量。但美国汽车业对此嗤之以鼻，戴明一怒之下跑到日本，他的理论在日本受到推崇。在随后的几十年里，精明的日本人又在戴明理论的基础上，发明了所谓的 PDCA（计划、执行、检查、处理）全面质量管理循环理论。如今日本汽车质量全面领先欧美，让人不得不佩服日本人的质量意识。

在美国肯塔基州的丰田汽车装配厂里，每道流水线上都装有一根紧急拉绳，一旦出现质量问题，工人可以拉动绳子让装配线暂停。美方经理麦克·达克里莱说："尽管 5 岁的孩子都可以拉动那根绳子，但在这里，工人们普遍认为拉动绳子是一种耻辱，因为只要每个人都按要求做好自己分内的事，质量就不可能出现问题。"在丰田装配厂，那根绳子的象征意义远大于实际用途。

在美国许多汽车厂，工人们往往努力超产，因为一旦指标完成了，大家就可以轻松一段时间。但在丰田装配厂，超产被认为是严重的渎职行为，因为每一道工序事先都经过精心计划，超产不仅会影响衔接，而且还有可能影响到质量。难怪有人在评价丰田时称，丰田的质量体系看来平淡无奇，但要真正做到这一切，会使人流汗、流泪，甚至流血。

有一家乳品企业在某城市做了一个大型的促销活动，他们的营销副总信誓旦旦地说："我们的推广非常注重实效，每天在全市穿行的 100 辆崭新的送奶车、醒目的品牌标志，还有统一的车型颜色，本身就是流动的广告，即使没有送奶任务也要在街上开着转。多好的宣传方式，别的厂家根本没重视这一点。"

刚开始的时候，这一招的确奏效，市民纷纷购买这家企业的乳制产品，很多家庭都喝，品牌效应越来越明显。可是过了不久，很多家庭便不再喝这个品牌的牛奶，购买量大幅度回落，甚至有的人称，坚决不喝了。

这家乳品企业很是纳闷，就派了几个人明察暗访才知道，恰恰是送奶车惹的祸，使原本名声很好的品牌一下子威信扫地。原来，这些送奶车用了一段时间后，由于忽略了维护清洗，车身沾满了泥污，但照样每天在大街上招摇。

"简直受不了这种视觉污染。每天都受这样的刺激，我们还能喝这种奶吗？"不少用户抱怨说。有些失败看起来好像没有任何直接原因，因此人们常常会归结于外部的甚至是人力所不能及的原因。其实他们没有意识到，有时失败就是从一个细微之处开始的。

执行力强弱体现在细节上，往往只是差了那么一点点，但导致的结果常常是差很多。

西点军校前校长潘莫曾指出："最聪明的人设计出来最伟大的计划，执行的时候还是必须从小处着手，整个计划的成败就取决于这些细节。"精辟地指出了想成就一番事业必须从简单的事情做起，从细微之处入手。如果说不拘小节拥有的是豁达的人生，那注重细节的人往往会成就非凡的事业。

第五节 执行要靠铁一样的纪律

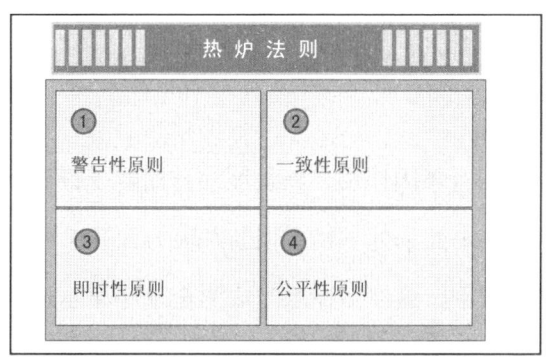

《左传》记载：孙武去见吴王阖闾，与他谈论带兵打仗之事，说得头头是道。吴王心想，纸上谈兵管什么用，让我来考考他。便出了个难题，让孙武替他操练姬妃宫女。孙武挑选了一百个宫女，让吴王的两个宠姬担任队长。

孙武将列队操练的要领讲得清清楚楚，但正式喊口令时，这些女人笑作一堆，乱作一团，谁也不听他的。孙武再次讲解了要领，并要两个队长以身作则。但他一喊口令，宫女们还是满不在乎，两个当队长的宠姬更是笑弯了腰。孙武严厉地说道："这里是演武场，不是王宫；你们现在是军人，不是宫女；我的口令就是军令，不是玩笑。你们不按口令操练，两个队长带头不听指挥，这就是公然违反军法，理当斩首！"说完，便叫武士将两个宠姬杀了。

场上顿时肃静，宫女们吓得谁也不敢出声，当孙武再喊口令时，她们步调整齐，动作如一，真正成了训练有素的军人。孙武派人请吴王来检阅，吴王正为失去两个宠姬而惋惜，没有心思来看宫女操练，只是派人告诉孙武："先生的带兵之道我已领教，由你指挥的军队一定纪律严明，能打胜仗。"孙武没有说什么废话，而是从立信出发，换得了军纪森严、令出必行的效果。

有一个美国青年因违反了新加坡法律而要受鞭刑，当时的美国总统克林顿亲自出面为他求情，但新加坡方面并未同意，依然对这名青年进行了鞭刑。这件事在当时成为全球津津乐道的新闻。人们感兴趣的并不是谁要挨打，而是新加坡政府在法律方面不折不扣的执行力。哪怕美国总统求情也不行！正因为严格的执行，说到做到，这四鞭子下去，不仅令受刑人终生难忘，同时也提醒天下人：千万不要以身试法！

去了某一个国家，我们应该服从当地的法律。在企业中，我们应习惯在制度下工作，这是一种职业纪律，也是我们服从于企业、具备良好执行力的直接表现。华为公司重要政策与制度的制定，均要充分征求员工意见，并进行充分协商，抑侥幸，明褒贬，提高制度执行上的透明度。从根本上否定无政府、无组织、无纪律的个人主义行为。在这种体制下，每个员工都有可能、有机会成为管理层中的一员。

纪律，是事业的基础，是成功的保证，更是团队中不可或缺的一部分。在企业中，纪律就是为员工而制定的，一个好的员工视纪律如生命，把服从当成自身的一部分。只有这样，他们才会成为企业所需要的员工。

无论我们处于什么岗位，首先要做到的一点就是，不能违反岗位制度。否则，即使我们做出了工作成绩，也难以被别人认可。甚至还会受到领导的猜疑：他会把我们当成"有组织无纪律"的员工。

纪律同时也是个人事业成功的基础，是圆满完成任务的保证，更是团队精神中不可或缺的重要组成部分。一个好的员工视纪律如生命，把遵守纪律当成自身的一部分。因为只有这样，才会成为企业所需要的具有高执行力的员工。可以说纪律是员工应当遵守的行为准则，而遵守纪律则是员工对工作态度与目标的承诺。

华为是一个半军事化管理、纪律严明甚至有些苛刻的公司，这在华为对运营商现场服务的大型软件集成项目组内部同样也体现了这种风格。就拿×××合作项目组来说，项目组现场管理制度包括了严格且明确的现场纪律要求条款，如严格规定上下班作息时间，办公桌面要求整齐清洁，下班后要求电脑和显示器关机、空调关闭、房间锁门，离开办公桌10分钟以上必须内部邮件通知，上班时间不得上与工作无关的网站，等等。以上条款，都配有不同的扣分，每人每月可扣总分为100分，当被扣至80分以下时需要罚款50元或100元，当被扣至60分以下时将可能被降薪或被项目组辞退，被罚款项一般用作项目组的零食专款或奖励专款；而连续3个月以上得满分100分者，可被项目组奖励100元。项目经理会从平时工作认真负责且全体成员认可度比较高的普通组员中分别选择任命1名纪律监督员和1名纪律记录考勤员，纪律监督员负责不定期地突击检查员工的纪律情况并接受纪律举报，考勤员负责上下班考勤和纪律扣分登记记录并月底汇总每人得分总数。这种罚和奖不只是记录而已，而且在每月底召开的民主生活会上现场进行，该罚的现场掏钱，该奖的现场收钱，项目组所有的人都看着，确实是奖罚分明。

在华为公司，每次开会或者学习研讨，虽然大家都已经做到了，但秘书在每次开会前还是会宣布会场纪律。尤其是关闭手机这一制度，与会人员必须要做到。做不到的，就要接受罚款的惩罚。秘书这么做是不是多此一举？显然不是。它恰恰体现出了秘书的责任心。既然宣布会场纪律是她的职责，那么她就应该按照职责的要求去做。以前没有违反纪律的现象，不能保证以后没有违反纪律的现象。就如同以前违规操作没发生事故，不意味着以后违规操作也不会发生事故一样。

纪律对于项目组成员来说，就是不可触摸的"热炉"。管理学中有个著名的"热炉法则"（Hot Stoverule），由管理学家麦格雷戈提出，我们不妨用它来规范自己的行为，让自己更具纪律性，更具执行力。

"热炉法则"是指组织中任何人触犯规章制度都要受到处罚。它是由于触摸热炉与实行惩罚之间有许多相似之处而得名。"热炉"形象地阐述了惩处原则：

1. 热炉火红，不用手去摸也知道炉子是热的，是会灼伤人的——警告性原则。企业领导要经常对下属进行规章制度教育，以警告。

2. 每当你碰到热炉，肯定会被火灼伤——一致性原则。说和做是一致的，说到就会做到。也就是说，只要触犯规章制度，就一定会受到惩处。

3. 当你碰到热炉时，立即就被灼伤——即时性原则。惩处必须在错误行为发生后立即进行，决不能拖泥带水，决不能有时间差，以便达到及时改正错误行为的目的。

4. 不管是谁碰到热炉，都会被灼伤——公平性原则。不论是企业领导还是下属，只要触犯企业的规章制度，都要受到惩处。在企业规章制度面前人人平等。

华为人勇者无疆

这是一个给华为带来巨大贡献的产品，多年来实现了上百亿美元的销售收入，人均效益处于公司前列。但它的历史，却几度受挫、几经生死，甚至还被贴上"夕阳"标签准备放弃……

当我把 A 产品的故事讲述给一位在公司工作了 12 年的同事听了之后，她很坚定地对我说："这不可能。"一般人的确难以置信，但这确实是一个真实的、让人惊叹的故事。我更希望它成为一个能被复制的传奇。

第一代，不服输迎来柳暗花明

第一代的 A 产品很"牛"，一上市就取得了很大成功。但在 2000 年前后，国内宽带技术的转型导致客户需求发生巨大变化，A 产品的销售业绩节节败退。一次，A 产品的开发经理老霍和所有团队成员聚在一起讨论产品改进方向，最后一个同事叹了口气，郁闷地说："A 产品在高质量上有优势，但在海量传输上不行。从客户角度来看，的确不适合了。"

A 产品作为当时的主力产品，其拓展受挫直接导致了整个产品线销售业绩的下滑。一时间质疑和压力如潮水般涌来，A 产品团队的士气也低迷到了极点。就此放弃 A 产品，还是继续前行？基于对市场和产品的客观仔细分析，老霍和团队相信，自己的产品还远没有到穷途末路的时候，一时的市场变幻，偏离不了行业发展的大趋势。抛弃荣辱和利益，他们默默地将产品特性"雕琢"到极致，持续提高产品竞争力，等待柳暗花明的那一天。

机遇往往留给有准备的人。两年后，移动承载市场兴起。A 产品特别强化的分组特性成为撒手锏，一路攻城拔寨，在移动承载市场的收获甚至比之前丢失的宽带市场还要多，同时在数据专线市场上也取得了很大的突破。

第二代，满足客户需求，占据优势格局

2002 年，为了进一步拉开和友商的差距，A 产品团队引入新技术，着手开发第二代产品。

新技术其实并不"新"，因为业界早已提出。但是由于实现难度大、稳定性差，没有厂家愿意率先商用。A 产品团队决意第一个吃螃蟹，无疑会面临许多风险。

果然，二代产品一上市就问题不断，多次瘫机，一个大运营商甚至要求产品全部下网。一时间，从客户到一线销售人员，都对二代产品怨声载道、不愿接纳，纷纷要求退掉新产品买老产品。如果此时放弃，也是客观形势所逼，很多新产品的开发就是这样放弃的。但 A 产品团队在开发经理老吴的带领下，顶着巨大的内外部压力，再一次选择了坚持。

而支撑他们坚持下去的原因，是海外客户的需求：在一些土地私有化的国家，客户很难新铺设光纤，已有的光纤不仅老化易断，还经常被人为挖断，频频引发网络问题，而二代产品能在光纤断了后启动多级自我保

护，十分符合这些市场的需求，并且绝大多数的客户也都纷纷表态，新特性符合未来的技术发展趋势，如果产品性能质量真能稳定下来，他们就愿意买单。

老吴带着团队成员夜以继日地攻关，终于将二代产品性能稳定下来，华为拉开了与友商的差距，开始占据优势格局。

2003 年到 2007 年，二代 A 产品市场捷报频传，份额大幅提升。

巅峰之后的悬崖

老王正是在 2007 年这个巅峰时刻，来到 A 产品担任研发主管。但他刚到任，就得知，代表未来技术发展方向的 B 产品将很快推出。产品线已经决策，把 A 产品搬迁到研究所，今后可能主要以维护为主。

正在大家考虑何去何从时，另一个坏消息传来，一个海外重点项目由于 A 产品报价比友商高出两倍，丢单了。研发领导发话：成本降不下来，就换主管。

当时 A 产品作为产品线的标兵产品，质量和成本一直都控制得很好，降成本的难度非常大。老王回忆道："那时我刚接手 A 产品团队，还没什么威信。但这个团队真是非常团结，所有成员都给了我很大的支持，没有一个人抱怨或者不满，都铆足了劲地查、想、改，后来还真发现了自身的问题——产品的芯片，已是十年前的产品，性价比太低！还有我们的产品架构，和友商相比还有不少可改进的空间……"秉承"审视自身，追求极致"的态度，他们终于将本以为"降无可降"的成本又硬生生降低了 50%，产品竞争力大幅提升。

就在众人击掌相庆的时刻，公司的 B 产品成功上市，A 产品被正式列入"非主流解决方案"。好不容易炼制出来的"攻城利剑"真要被就此雪藏？

失落和茫然的情绪在团队中蔓延开来，老王认为，公司的整体策略必须遵守，A 产品必须尽快重新明确价值和市场定位。

绝地坚守，自己做自己的救世主

老王早年担任过研发经理，又在行销一线摸爬滚打了七年，最大的收获就是学会了从外部看内部——先关注客户、市场、产业，再看华为和团队。

铺开世界地图，他们的眼光从国内转到海外，通过对产业环境、市场形势和客户需求等各方面进行深入调查和研究，他们发现海外众多的主流运营商并未摒弃 A 产品解决方案，仍存在大量的市场空间，同时我司 A 产品的优势格局和存量市场也是一笔巨大财富，只要开发出引领未来的新特性，将产品进一步优化，使其更符合客户需求，给公司带来的价值将非常可观。

方向有了，老王直接找到产品线总裁，立下军令状：未来三年内，A 产品一定能保持公司要求的人均效益指标！终于得到总裁支持，保全了 A 产品的现有队伍，但也不给再加人和资源。

每个人都知道，升级产品是他们唯一的机会，绝对不容有失，于是他们把新产品当作"老产品"来开发，坚决保证高质量和稳定性。在交付南太某项目时，客户怀疑 A 产品单板有问题，A 产品开发团队立刻成立了"10 人攻关组"，在实验室封闭了 6 天 6 夜，终于发现是因为供应商更改设计导致的问题。大家百感交集："为了保住产品，绝不能出任何质量事故。"

然而，由于有了 B 产品，A 产品很"囧"：对外，能参与市场竞争的机会不多，有些项目甚至都不允许 A 产品的销售人员去做客户宣讲。而对内，情况更加微妙，为产品"延寿"的未来特性与 B 产品是什么关系？与新技术演进又是什么关系？产品线内部争论一直在持续。而在得出定论之前，怎么投入人力，是否可以投入，都成了问题。

局面尴尬，资源匮乏，那时很多人都觉得他们太犟了，说上面领导都不置可否，你们何不顺着 KPI 导向"就坡下驴"，为什么非要"拧着来"呢？

但一直都很"犟"的 A 产品团队再次选择了坚持，终于开发出了质量过硬的升级产品，并一举突破多个海外主流运营商，带动整个 A 产品系列实现了数十亿美元的销售额。

那一年，他们拿了包括最佳 SPDT、最佳 PDT、最佳 LMT、最佳成本、最佳效益、最佳质量等公司授予产品线的众多奖项。

2010 年老王离任，继任者带着团队成员深耕细作，精益求精，在没有外援、销售受限的情况下继续倔强地"孤军奋战"。终于，众多主流运营商越来越意识到 A 升级产品易维护、易使用、高安全性、高可靠性的价值，产品线也给予了 A 产品一些肯定和支持。2012 年，A 产品在困难的市场局面下做出了超出期望的业绩，海外市场销售维持了稳定，专业服务的增长率超过 30%，并成为企业网市场的尖刀产品。

回顾 A 产品十多年来走过的路，无论是一败涂地、命悬一线，还是巅峰后的绝境，这个团队一次又一次地与命运抗争，不断找寻自己存在的理由，并创造价值，敢于坚持到最后一刻。无论岁月流逝，人员更替，团队的精神始终不改，永难磨灭。

（本文摘编自《勇者·无疆》，来源：《华为人》，2013 年）

项目是细节堆起来的

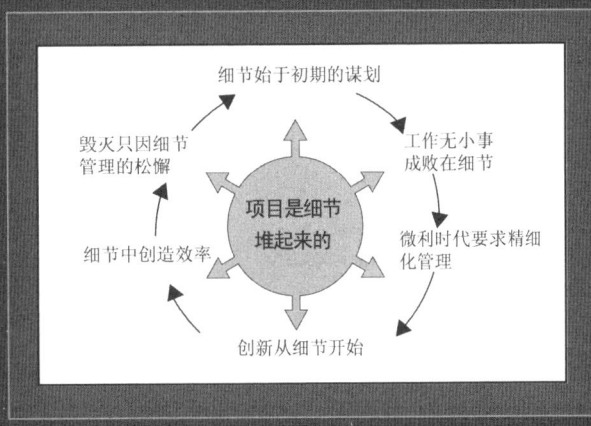

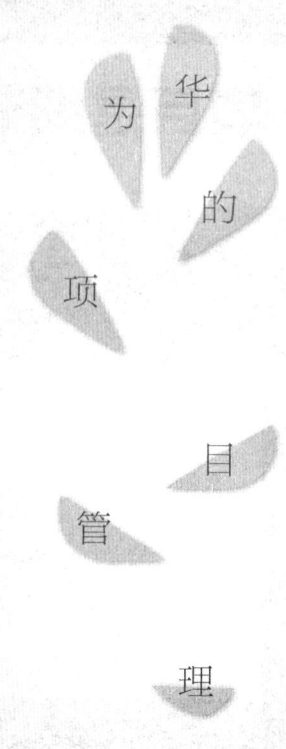

HUAWEI

华为的项目管理

第一节 细节始于初期的谋划

美国的迪士尼乐园盛名享誉全球，将一个游乐场做得这样成功，迪士尼无疑有它的成功之道。在迪士尼游玩过的人一定都会有这样的感觉，整个游玩过程非常舒服。为什么会有这样的感觉？就是因为这个游乐园非常注重细节的处理，保证每一个游客在游玩的过程中时刻感觉舒服、美好。

比如，在迪士尼游乐园，你不小心洒了一杯可乐。为了防止别的游客踩到洒在地上的可乐，他们会有工作人员站在那里对游客发出警告。并且另一批工作人员迅速赶到现场，处理可乐的污渍。一般来说，如果洒了一杯可乐，用拖把拖一下就差不多了，然而，迪士尼的工作人员一定会用吸水纸先吸地上的可乐，然后再用干净的拖把拖掉余下的污渍。

迪士尼人认为，一杯可乐洒在地上是小事，但是因为这杯可乐污染了整个迪士尼的环境才是大事。因为这种污染会影响游客的心情，那么最终结果是影响游客的数量，直到影响整个公司的经济效益。

迪士尼公司为了让顾客满意，在细节方面做了大量的努力。迪士尼的创始人沃特·迪士尼先生一生重视迪士尼的信誉，一次他在游乐园里游览一个景点，经过计算整个游玩过程花费了4分钟，但是在景点的介绍说明上说，游览完整个景点需要花费7分钟。这让沃特先生非常生气，觉得这严重影响了迪士尼的信誉，命令在场的工作人员及时改正。

从管理层到普通的员工，迪士尼的每一个人都养成了关注细节的习惯。也许正是由于这种关注，迪士尼才能成为享誉世界的游乐园。

在开始执行之前，就需要对整个过程中的细节进行把握。细节的执行要贯彻在企业的整个过程中，而把细节制度化是企业管理高低差别所在。特别是在即将结束时，更要保持警惕，不能有任何松懈，很多的事业都是因为最后阶段的放松而万劫不复。老子说过一句话"天网恢恢，疏而不失"，这句话同样对企业的制度建立和执行有着指导意义，企业的制度要覆盖全面、全过程，铲除任何漏洞。我们从此可以感悟出细节的制度化、全面化的几个要点：（1）企业的细节必须形成制度化，渗透到企业的每一个环节，落实到岗位、落实到人、落实到结尾，用制度管人。（2）高管层：整理和明确经理岗位工作要点。（3）管理层：制定和贯彻系统而细化的规则。（4）职员层：设计和掌握基础管理工具。（5）结尾的松懈：企业对细节的坚持往往在结尾阶段放松警惕，一个小小的失误导致满盘皆输。

1997年前后，华为的销售额已经达到了几十亿元。由于销售量很大，华为内部又是层层分解任务的做法，在设备的一些具体细节上很难照顾周全，导致时常出现这样那样的错误。当时，市场部某些经理的一大任务就是去给那些恼火的客户"倒气"，也就是去赔礼道歉。1997 年 12 月，刚到华为公司不到半年的陈雪志被从深圳市派到了西安办事处，一段时间后，就与一位公司高层一起去处理延安的事务。由于订购的设备一直没有到位，延安电信局催了好多次，好不容易收到了华为的货，却发现不知道哪个环节出了问题，货发错了。由于比预期到货日期推迟了半年多，又出现这样的情况，延安电信局领导暴跳如雷，直接把多份投诉传真发到了华为总部。总部指示一名公司高层与陈雪志一起去处理该事务。陈雪志与这位高层从西安乘火车去，晚上才到延安。冒着严寒，两人在一家环境很恶劣的宾馆住了一晚。第二天，两人去延安电信局，耐心地听对方主管领导抱怨、骂街，两人赔着笑，说着好话，将对方的意见一条条记下来，回到办事处后汇总到一起发到公司总部统一处理。

任正非要求，在平时的系统维护中，华为人除规定的工作之外，还要思考客户在想什么，其理由是什么。这就是需要之前进行谋划。通过交流访谈、邮件、客户的维护制度、集团公司文件、上级考核要求等多种方式获取客户的信息，指导维护工作，使维护工作有的放矢。

华为商城的开业是细节始于谋划的典型案例。2012 年 3 月，华为商城内部测试版正式对外试运营，并于 3 月 18 日正式上线营业。任正非的电商念头其实也与南美大陆有关。"电商做好了以后，我们的酒也从这上面卖，我们将来从阿根廷买回来的牛肉也可以在网上卖。我们的货物是真的，我控制货物质量。京东、淘宝都管不住质量。我们有货源，全球 140 多个国家，从每个国家买个好东西放到电商上销售，华为公司的零部件将来都可以拿到网上卖。"

任正非从南美回来后，恰好一年一度的华为终端战略研讨会召开。在这次会议上，任正非毫不客气地说："你们太僵化了。"任正非称，此前他一直反对终端去做所谓的渠道，因为去做渠道一家家去谈，成本太高，而应该发展低成本的电商。"我们优先发展低成本、猛发展低成本的，改变格局。"

"我看可以大胆地干。"任正非为华为电商的发展定了调。早在电商梦之前，华为曾经试图向互联网转型。华为为何自建商城？华为终端公司董事长余承东表示，作为世界最大移动终端厂家，华为手机的公开渠道始终是心病——销量掌握在运营商的速度上。"从运营商定制市场到公开市场，华为还在路上。我们必须做出一些改变。"余承东原话如此，原因大家心知肚明：运营商铺货的速度太慢，手机从谈判到合作再到公开销售，往往耗时甚长，不利于生产商的出货，造成积压，也会让一些新设计手机错失市场销售的最好时机。

2012 年 6 月，华为终端公司的电子商务部悄然成立。这次组织架构调整非常低调，外界几乎毫不知情。成立不到一年，已经盈利，华为电商的试水非常符合任正非对终端发展的预期，甚至也让任正非对互联网销售有了切实的感觉和更大的设想，包括卖阿根廷牛肉。尽管任正非有着长远的设想，但华为第一步还是要先把手机电商做好，才是最重要的。虽然任正非在讲话中提到了淘宝、京东，但从华为的资源、电商模式上看，与前两者的大规模综合类电商的定位并不相同。任正非的想法其实很简单，并不是一定要做成淘宝或者京东，无非就是利用自己的资源优势，以最小的成本做点最可行的事。某种程度上，其实是对现有电商市场的一个补充，基于优质货源之上的独特电商。

第二节 工作无小事，成败在细节 ▶▶▶

　　"蝴蝶效应"（The Butterfly Effect）是美国著名气象学家洛伦兹（Lorenz）在 20 世纪 70 年代提出的。20 世纪 60 年代初，洛伦兹在利用计算机进行"数值天气预报"试验时发现，计算机中输入的资料如果发生微小的变化，其最终计算结果就会出现巨大的差异。1972 年 12 月 29 日，在华盛顿召开的美国科学发展学会上，洛伦兹发表了一场伟大的演说——不可预测性，即一只在巴西翩翩起舞的蝴蝶，有可能会在美国的得克萨斯州引起一场龙卷风，这就是著名的"蝴蝶效应"。

　　从科学的角度来看，"蝴蝶效应"反映了混沌运动的一个重要特征：系统的长期行为对初始条件的敏感依赖性。在混沌系统中，初始输入条件的十分微小的变化，经过系统的不断放大，其未来状态可能会造成极其巨大的差异。其本质是：细节不容忽视，任何一个微小的事物，都可能引起一场巨大的变化；一点点细微的失误，都有可能带来巨大的损失。由此我们可以联想到，现代企业就是一个分工精细、结构复杂的系统，其运营过程往往由诸多细节构成，这些细节之间环环相扣，每一个细节都有它特殊的功能，任何一个细节出现小小的失误，经过企业系统的运营，都可能会像"蝴蝶效应"

那样产生意想不到的巨大差异。

在汪中求《细节决定成败》一书中，他讲了这样一件事情：

浙江某地用于出口的冻虾仁被欧洲一些商家退了货，并且要求索赔。原因是欧洲当地检验部门从 1000 吨中国进口的冻虾中查出了 0.2 克氯霉素，即氯霉素的含量占总量的五十亿分之一。经过自查，环节出在加工上。原来，剥虾仁要靠手工，一些员工因为手痒难耐，用含氯霉素的消毒水止痒，结果将氯霉素带入了冻虾仁。

这起事件，引起不少业内人士的关注。一则认为这是质量"壁垒"，五十亿分之一的含量已经细微到极致了，也不一定会影响人体健康，只是欧洲国家对农产品的质量要求太苛刻了；二则认为是素质"壁垒"，主要是国内企业员工的素质不高造成的；三则认为这是技术"壁垒"，当地冻虾仁加工企业和政府有关质检部门的安全检测技术，大大落后于国际市场对食品质量的要求，根本检测不出这么细微的有毒物。其实他们都忘记了最关键的，这五十亿分之一的数据，表面上看起来是一次贸易中的正常失误，其实却隐含着深刻的教训——管理上疏忽小问题。

员工手痒抹药本没有错，但就是这样一件"小事"，却最终导致了 1000 吨冻虾的退货。

对企业来说，成败在细节；对个人来说，细节决定命运。沃尔玛、海尔、麦当劳、通用电气、肯德基等企业，之所以能跻身世界五百强的行列，和他们的员工做好细节工作有着重大的关联。就是因为这些企业懂得在细节上管理员工，要求员工，最终才获得了好成绩。

那些有名的成功者，比如李嘉诚、王永庆、亨利·福特、比尔·盖茨等，无一不是注重细节的人。看看他们的成功史可以发现，他们都是从小事做起，一点一滴地积累起来，最终才走上了成功的巅峰。

参加招聘会的那天早上，小李在宿舍不慎碰翻了水杯，将放在桌上的简历浸湿了。为了不迟到，小李只将简历简单地擦了一下，便和其他物品一起，匆匆塞进背包。

在招聘现场，小李看中了一家深圳房地产公司的广告策划主管岗位。按照这家企业的要求，招聘人员将先与应聘者简单交谈，交谈满意的，再收简历，被收简历的人将得到面试的机会。

轮到小陈时，招聘人员问了小李一些问题后，便向他要简历。小陈受宠若惊地拿出简历时，这才发现，简历上不光有一大片水渍，而且放在包里一揉，再加上钥匙等东西的划痕，已经不成样子了。小李很尴尬，但是没有办法，只能尽力将它弄平整，递了过去。看着这份伤痕累累的简历，招聘人员的眉头皱了皱，还是收下了。那份有褶皱的简历夹在一沓整洁的简历里，显得十分刺眼。三天后，小李参加了面试，表现非常活跃，无论是现场展示策划能力，还是为产品设计营销思路，他都完成得不错。在校读书时曾为文艺骨干分子的小李，还即兴表演了一段小品，赢得了面试负责人的啧啧称赞。当他结束面试走出办公室时，一位人力资源部门的小姐对他说："你是今天面试者中最出色的一个。"一切似乎胜利在望。

然而，面试过去三周了，小李依然没有得到回复。他着急了，忍不住打电话向那位小姐询问情况。小姐沉默了一会儿，告诉他："其实招聘负责人对你是很满意的，但你败在了简历上。老总说，一个连简历都保管不好的人，是管理不好一个部门的。你应该知道，简历实际上代表的是你的个人形象。将一份凌乱的简历投出去，有失严谨。"

一次绝好的机会，就这么错过了，真可谓细节决定命运。

毛泽东有句名言"世界上怕就怕认真二字"，说的就是对细节的重视和认真执行，如果能做到这一点，世界上就没有什么可怕的事情了。

精细化管理时代已经到来，我们一定要注重细节，把事情做到精准。

在华为的合作项目组里，作为一个30～40人的这么大的项目团队，如果说只有1个项目经理来完成这个团队的管理和工作运作的话，那可以说几乎是不可能的。一般情况下，一个需要承担具体技术工作的基层管理者可直接管理的员工数量不宜超过6人，所以管理的最小单位一般为5～6人，而华为合作项目组也被分为若干个这样的最小管理单位，一般称之为项目小组，比如×××项目组就分为开发一组、开发二组、开发三组、系统组、业务保障组和维护组等，每个小组均任命1名组长，而每位组长对项目经理负责，向项目经理汇报工作。

项目经理制定整个项目组较大层面的进度计划，并监督各小组对计划的执行情况，并根据小组的工作进展对小组长进行绩效考核。

小组长对各自组员的计划进度安排就更细致了，在任务紧张时期几乎可以细到 2～3 小时这样粒度的工作量，每位组员的工作量应该说编排得非常饱和了，所以在这样的一个团队里有谁想在工作时间内做与工作无关的事情基本是不可能的；小组长几乎每天要对组员的工作进度（尤其是对开发人员）进行一次检查，以尽早发现问题及时采取措施，防范潜在的风险，细粒度的工作监控也就很容易发现、跟踪到各个组员的表现状态和工作能力；另外，每个小组长一般会有一份红黑事件记录表，专门记录小组中发生的一些红（表扬）事件和黑（批评）事件，比如某组员帮助其他同事解决一个重大 BUG（程序缺陷）或总结出一个技术经验并写成文档共享给项目组其他同事等，这些都记入红事件，而某组员在系统升级时漏升某个文件而导致升级不成功时就记入黑事件，红事件和黑事件作为绩效考核中加分和减分的依据。所以绩效考核的评分基本都是客观准确的，是有据可查的。精细客观的绩效考核方式无疑规范了项目组的绩效考核制度，统一了整个项目组的价值认同感。

除了进行制度上的细节管理，华为也非常重视对员工在思想上进行细节教育。华为给每一位刚进公司的员工培训时都要讲《谁杀死了合同》这个案例，他们认为所有的细节都有可能造成公司的崩溃。

1998 年，华为在九江的传输产品出过重大问题，按惯例是用新设备把故障机换回来。任正非却说：不能换，换回来研发就不会感到痛，我要让他们痛一痛。结果华为付出了巨额赔偿。这种看似不讲道理的专横，给员工留下了深刻的印象，"关注细节"和"严把质量观"的理念深入人心。

第三节 微利时代要求精细化管理 ▷▷▷▷▷

市场的激烈竞争导致了利润空间逐渐缩小：整个经济进入了微利时代。企业的管理者们普遍感到获利减少的压迫感。任何一个行业，只要利润空间稍大，就必然会导致大量资本短期迅速进入，竞争自然猛烈加剧，利润率陡然下降。进入微利时代，经营者除了赚钱的思路和观念需要及时调整、转变、更新外，还须讲究赚钱的方式、方法。

其实，"微利时代"并不是什么特殊的岁月，相反，"微利"恰恰是经济生活的本来面目，是行业成熟的表现。一个企业或者产业，从高利润阶段步入平均利润阶段，再进入微利时代，正是发展的基本规律之一。在这种环境下，挖掘到蓝海是每个企业家都梦寐以求的。但事实证明，任何一块蓝海出现以后都会迅速被抹红，蓝海从来只是一种短暂的"出奇"现象，微利才是企业真正的"守正"之道。

在经济发展的太平盛世，对于"微利"这样的平淡生活，企业家大多都还能"得过且过"。但是，碰上经济不景气，对于能否保住"微利"，企业家们也开始人人自危。

"中国决不缺少雄韬伟略的战略家，缺少的是精益求精的执行者；决不缺少各类管理制度，缺少的是对规章条款不折不扣的执行。"

国内有不少企业"企业形象轰轰烈烈，经营效益羞羞答答"，原因之一就是具体实施远大目标时，缺乏对细节的执着追求，加上执行的偏差，从而导致许多美好的计划到最后一个环节早就已经变得面目全非了。

专业化的影响市场经济的发展促成了专业化的竞争，国际上许多优秀大企业都是上百年专注于一个领域，把工作做足做细然后再涉足相关领域而不是到处插手，盲目多元化。企业若在专业化上下足功夫，把产品做精，把质量做细，一定会获得高速的成长。浙江、广东的很多企业在这方面有成功的经验，像杭州万向集团就是典型代表，它集中生产汽车万向节，实施"生产专业化，管理专业化"，以后又实现"产品系列化"。2003 年，万向集团老总鲁冠球位居中国富豪榜第 4 名，资产 54 亿元。可以说，随着社会分工越来越细和专业化程度越来越高，一个要求精细化管理的时代已经到来。

万科董事长王石说："万科的下一个十年要致力于精细化。精细化是未来十年的必经之路。"日本企业非常注重精细化管理。丰田汽车的零库存就是精细化管理的产物。并且他们不但在自己的管理上精益求精，在寻找合作方时也非常注重这一点。

日本的软件企业寻找合作伙伴的过程很有个性。刚开始的时候根本就不谈具体的合作内容，只是一次又一次地派人来考察。从 1997 年 5 月到 1998 年 6 月，NEC 一共派了 16 批人到创智进行考察，最多的一次来了 24 人。每次来的人头衔和部门都不同，每次却让中国的企业把自己的情况介绍一遍，再提一大堆的问题，在公司什么都看，什么都问。

有一点令中国企业的管理人感到非常奇怪，就是他们在谈判的时候，几乎是轮着班去上卫生间。开始这位负责人王经理以为他们是"水土不服"，但是他们都客气地回答"没有关系"。为什么那么礼貌的日本人有如此奇怪的举动？

后来和 NEC 合作成功，关系比较熟了，这家中国企业的王经理问他们，他们才说，中间溜出去上卫生间其实也是一种考察。他们认为，一个企业的管理得好不好。要看它最细微的地方和最容易被忽视的地方。他们认为，这个企业的卫生间是否干净整洁，最能体现其细节管理是否到位。如果一个企业有干净明亮的大厅，卫生间却污渍斑斑，那么这个企业的管理就存在问题。

他们考察中国这家合作企业的洗手间时，发现里面不但干净整洁没有异味，更有一个小小的字条打动了他们，那就是贴在小便池前的一句话："向前一小步，文明一大步——请滴水入槽。"他们认为，这家企业能注意到这么细节的问题并且能做得很好，相信把他们的软件系统发包给这家企业也会做得很好。虽然当时和这家企业竞争的对手中，有的是实力比他们强大好几倍的企业，但是最终 NEC 选择了和这家企业合作。

就是这 1% 的细节，决定了他们得到 NEC 的生意。在产品严重同质化的情况下，你只有把你的产品或服务打造成精品，才能被客户欣赏和接受。

细节直接关系着企业的运营成本。1999 年，员工总数达 15000 人的华为给员工们算了一笔账，在一个月内：

每个员工每天多打一个闲聊电话：黔南山区 10 个孩子 1 年的学费；

每人每天浪费一两米饭：可以购买 2000 公斤优良稻种。

华为公司坚持从小处严抓铺张浪费，华为很多部门的墙上都贴有"下班之前过五关"的卡通画，以提醒工作人员下班之前别忘了关掉电灯、电脑、门窗等。华为内部曾经做过统计，通过加强培养随手关闭电源的习惯，每月可节约电费几十万元。公司为节约纸张，要求员工不要把报废的打印纸随意丢弃，一定要再利用，公司甚至给员工建议了一种利用方法——在背面贴报销单据。

从打扫卫生到财务分析会议，每一件事都可能成为重大的事，华为人能从最小的行动中，预见其最终的结果，因此，每一个行动都值得给予同样的密切关注，重要的是别忽略细节。

华为成立于 1988 年，当时，通信产业正处于逐渐替代 PC 产业、成为全球经济新的龙头产业的阶段。华为面临有利的市场环境，一方面，中国通信市场正处于高速发展时期；另一方面，已占据中国市场的国际巨头，如朗讯、爱立信、西门子，都是实力异常强大的跨国公司。

今天的华为与 20 年前确实不一样了，华为今天所处的环境和面临的形势也不一样了。随着通信行业逐渐向微利的传统行业转型，华为曾经拥有的天时地利将不复存在。

第四节 创新从细节开始

　　美国有一家生产牙膏的公司，产品优良，包装精美，深受广大消费者的喜爱，每年营业额蒸蒸日上。不过，业绩进入第 11 年，第 12 年及第 13 年后，增长则停滞下来，每个月几乎维持同样的数字甚至有下滑趋势。董事部对此三年业绩表现感到不满，便召开全国经理级高层会议，以商讨对策。会议中，有名年轻人站起来，扬了扬手中的一张纸对董事部说："我有个建议，若您要使用我的建议，必须另付我 5 万元！"总裁听了很生气说："我每个月都支付你薪水，另有红包奖励。现在叫你来开会讨论，你还要另外要求 5 万元。是否过分？""总裁先生，请别误会。若我的建议行不通，您可以将它丢弃，一毛钱也不必付。"年轻的经理解释说。"好！"总裁接过那张纸后，阅毕，马上签了一张 5 万元支票给那位年轻经理。那张纸上只写了一句话：将现有的牙膏开口扩大 1mm。总裁马上下令更换新的包装。有员工不服气地问总裁，"这算什么创新？不就是一条小小的建议吗？没有什么技术科技含量，你奖励他这么多的奖金是不是被他骗了？"总裁反讯道："这笔奖金发得值，你要是也能这么简单地解决销量停滞问题，为企业创造更多的利润，我也发你奖金。"试想，每天早上，每个消费者多用一点点的牙膏，每天牙膏的消费量将多出多少倍呢？这个决定，使该公司第 14 年的营业额增加了 32%。

　　这个故事启迪我们，创新成果始于关注细节。假如不是这位员工注重细节，关注细节，从细节中发现问题、思考问题、解决问题，就不会带来这样的实效。

　　加藤信三原本是日本狮王牙刷公司的小职员。有一天起床，他匆匆忙忙地洗脸、刷牙，不料，匆忙中出了一些小乱子，牙龈被刷出血来。加藤信三不由火冒三丈。因为刷牙时牙龈出血的情况已不止发生过一次了。他本想到公司技术部大发一通脾气，但走到半路上，他努力平息自己的怒火，并开始回想自己刷牙的过程，才发现自己一直都太急躁。同时加藤发现了一个为常人所忽略的细节：他在放大镜下看到，牙刷毛的顶端由于机器切割，都呈锐利的直角。"如果通过一道工序，把这些直角都锉成圆角，那么问题就完美解决了！"于是，加藤信三一改往日的急躁、粗心，在一次次试验后终于把新产品的样品正式呈给公司。公司领导看后，欣然采纳了他的建议，迅速投入资金，把全部牙刷毛的顶端改成了圆角。

　　改进后的狮王牌牙刷很快受到了广大顾客的欢迎。对公司做出巨大贡献的加藤从普通职员晋升为课长，十几年后成为公司董事长。

　　谁也想不到，加藤信三因为关注刷牙细节，从此飞黄腾达起来。钦羡之时，也不得不令人思考"细节"这个问题。其实，生活就是由一些点点滴滴的细节组成，而往往正是这些细节在你人生中的某些时刻起到了关键性的作用。

　　很多创新都是从不起眼的细节开始的，人类的多数创新其实原本是对一些细节的改进、修订或提升，细节具有创新功能。创新很少是开天辟地、凤凰涅槃，而往往有一个渐进的、逐步完善的过程。

创新要从细节开始。创新就在我们身边，就是工作中的每一个细节，把每一个细节做到极致就是创新。

零次信息就是对小事的注意。零次信息指的是那些内容尚未经专门机构加工整理，就直接作用于人的感觉的信息情报。比如，"一句话""一点灵感""一丝感觉""一个点子"等等均可称为"零次信息"。

有一个从美国到中国来的投资商，通过生产一种自来水的水龙头，获得了巨大的利润。当初他之所以选择了这个很不起眼的投资方向，原因是他看到中国内地到美国去的人，在关水龙头时，总要使很大的劲。他就想，水龙头容易漏水才会使这么大的劲去关，久而久之养成了习惯动作，所以在中国内地，水龙头的质量一定不过关。他从中获得了灵感，后来与相关人员交谈发现情况确实如此，经过考察决定投资这种对他们来说资金和技术要求都不很高的项目。这个美国人原本只是一个很小的商人，但是正由于他对一个细节的关注，却让他取得了很大的成功。

十几年前，冰箱都是单门的，日本三洋电机公司生产的冰箱也不例外。有一天，该公司一名技术人员偶尔听到用户的一句无心话："每天打开冰箱门拿东西，冰箱里的冷气大量外泄，很可惜。要是将冰箱的外门制成上下两半，拿东西只需开一半，那就能节省很多冷气了。"该技术人员捕捉到这位用户的心意后，认为这有可能会给公司带来巨大的效益，于是马上向领导报告。这也就使三洋公司的畅销产品"双门冰箱"得以诞生。日本三洋电机公司成功的关键就在于，他们的员工善于发现并利用别人不注意的"零次信息"。

有一天，一位日本顾客突发奇想：为什么不生产表针"左旋"

的手表呢？这样不但能满足一些人标新立异的心理，而且也能使手表品种更加丰富。这一奇想被一报纸刊载，不过它并没引起更多人的注意。有一天，日本东方钟表公司总裁在翻阅旧报纸时，碰巧看到了这一"点子"，他如获至宝，立即组织人员开发出前所未有的"左旋手表"。该种手表刚一投放市场便大放异彩，格外引人注目。不仅首批几千块很快销售一空，而且世界各地订购此种手表的订单雪片似的向公司飞来。

日本这两家公司成功的关键就在于他们利用了别人不注意的"零次信息"。20 世纪 90 年代初，庐山植物园考察团在江西省大余县境内庾岭山脉考察时偶然发现了濒临灭绝的珍稀植物虎舌红。人工驯化后，1999 年在昆明世博会上荣获室内观叶植物一等奖。媒体刚刚发布这一消息，江西省大余县花农林波便火速前往庐山植物园，学习虎舌红的种子繁殖、地上茎扦插繁殖和地下根茎分割繁殖、病虫害防治等人工驯化技术。回来后，他进行大面积繁育虎舌红，第二年便掘得虎舌红第一桶金 260 多万元。此举引领了大余县虎舌红种植热潮，迅速把虎舌红从一朵默默无闻的小山花变成世界名花，远销英国、韩国、日本等国家。

现实中，很多人发现了"零次信息"，却没有将其利用，这令人倍感遗憾。在生活中发现了"零次信息"是一件好事情，但更重要的是将其利用好，只有利用了才会给我们带来收益。

在国内，许多企业的领导在寻求创新时，不管在技术创新方面还是在管理创新方面，总习惯于贪大求全，却很少有"于细微处见精神"的细心和耐心。相反，海尔总裁张瑞敏在谈到创新时，却说：

"创新不等于高新,创新存在于企业的每一个细节之中。"事实上,海尔集团在细节上创新的案例可谓数不胜数,仅公司内单以员工命名的小发明和小创造每年就有几十项之多,如"云燕镜子""晓玲扳手""启明焊枪""秀凤冲头"等等,并且这些创新已在企业的生产、技术等方面发挥出越来越明显的作用。

著名的台湾首富王永庆也是从细节中找到成功机会,并不断创新。在创业初期,他的营销和管理与其他米商不同的是,他关注到米的杂碎粒多少、新米与陈米的不同堆放、米缸要保持干净、按时送米但客户发薪之日再上门收钱等等细节,正是由于这些细节的落实,极大地方便了顾客,并且赢得了很多客户。而他从小小的米店生意开始发展到了台湾首富的事业。王永庆说:"我不仅做大的政策,而且更注意点点滴滴的管理……"

有人这样评价苹果公司的"教父":"近乎变态地注重细节,是乔布斯的成功秘诀。"为了重新设计系统界面,乔布斯几乎把鼻子都贴在电脑屏幕上,对每一个像素进行比对。在乔布斯这样近乎苛刻的管理者的带领下,苹果公司的员工几乎都是像疯子般关注细节的人。在这样的氛围里,为用户提供完美的产品是每位员工进行创新的目标。而这样的工作理念,最终成就了苹果公司的传奇。

乔布斯和苹果公司的成功告诉我们,创新要从细节开始。创新就在我们身边,就是工作中的每一个细节,把每一个细节做到极致就是创新。细节的创新可以达到对整个企业发展状况的持续改善,从而获得巨大的成效。虽然每一个细节看上去都很小,但是积累起来就会发生质变,创造出完全不同的更好的产品或服务。

　　日本丰田公司的经验也证明，通过细节的创新可能实现对整个企业的持续不断的改善，从而获得巨大的成效。虽然每一个细节看上去都很小，但是这儿一个小变化，那儿一个小改进，则可以创造出完全不同的产品、工序或服务。如果说创新是一种"质变"，那么这种"质变"经过了"量变"的积累，就自然会达成大的变革和创新。而这种质变却是简单的，让人一看就懂：原来是这样，我怎么没有想到。老子早就说过："天下难事，必做于易；天下大事，必作于细。"企业的经营，只有重视细节，并从细节入手，才能取得有效的创新。

　　管理大师彼得·德鲁克说："行之有效的创新在一开始可能并不起眼。"而这不起眼的细节，往往就会造就创新的灵感，从而能让一件简单的事情有了一次超常规的突破。德鲁克认为，创新不是那种浮夸的东西，它要做的只是某件具体的事。企业要真正达到推陈出新、革故鼎新的目的，就必须要做好"成也细节，败也细节"的思想准备。否则，所谓的创新只能是一句空话。所以，创新不一定是"以大为美"，但却绝不能掉以轻心于企业活动中的既不相同却又相互关联的每一个细节。

　　华为人李某出身于电信科班，加入华为不久就从机关被推荐至市场一线。一般标书都很厚，少则几百页，多则上千页，评标客户在查找关键信息时非常困难。"能否找个方法便于客户查询？"李某琢磨，在和团队沟通之后，大家有了一个主意，"根据以往评标中客户最关注的关键信息和我司产品中最精华的亮点制作成快速评标手册，并在提交大标书的同时也把这本小标书附上"；另外，各类设备的报价单五花八门，能否站在客户角度固化更为直观的集成报价模板，使客户一目了然？很快，这些想法都变成了李某和同事们的行动，方便客户快速粗估整体预算。

对于每一次投标书的技术环节，他都严格把关，每一个细节都不会错过，万无一失后才会拿去招标现场。对于合作伙伴总代的材料，他也会严格审查，即使是格式、外观上有问题都会要求重写，确保输出的材料在客户面前完美地呈现。每一次去客户现场测试之前，他都会先在内部测一遍，确保产品在每一个关键时刻都能"零瑕疵"。

细节对于个人的创新来说，更是如此。"苟日新，日日新，又日新。"如果能每天除旧更新，就要天天除旧更新，不间断地更新又更新。如果有了这样的一种境界和人生态度，我们就会在人生的单调与重复中，在人生的每一个细节和每一件小事中进行创新。

雕塑家、画家米开朗琪罗曾这样说过："完美不是一个小细节，但注重细节可以成就完美。"

第五节 细节中创造效率

老子曾经说过："天下难事，必做于易；天下大事，必作于细。"指出了想成就一番事业，必须从简单的事情做起，从细微之处入手。注重细节，就要甘于平淡，认真做好每一件小事，成功就会不期而至，这就是细节的魅力，是水到渠成后的惊喜。

　　在现实工作中，注重细节无疑是提升效率的有效途径。在工作中不免有一些细节不容易考虑到，只有用心工作，多学多问才能把细节问题考虑周全。所以办公室工作看似简单却不轻松，如何在例行工作中提高效率，杜绝失误是值得我们深思的问题。这要求我们在工作中既要大胆创新，又要严抓每一个细节。

　　众所周知，现代标准化的大生产管理是从管理学大师泰勒开始的。泰勒管理的最大特点，就是将细节标准化，即对人每一个动作都进行精确的测算，在找到最大化地发挥动作的效益之后，就将这一动作作为标准确定下来，让员工按此标准执行。这种做法的客观效果就是实现效益的最大化。在这里，细节成为效率的基础和前提。

　　做好细节的一个具体表现就是数据化。按照管理发展的程度，我们可以把细节管理的过程分为三个阶段：明确、准确和精确。一个单位首先要把规则建立起来，即明确；然后，通过实践矫正那些已经明确但不一定正确的规则，同时使之具有操作性，并通过不断地实践和研究，使规则更加准确；最后，把规则逐渐细化，做到精确。这是一个从无到有、从有到对、从对到好的规则整理、整合过程。

　　管理规则越往精确的阶段发展，工作效率就会越高。有了准确以至精确的规则，大家便能更容易、更快速地把事情做对做好，从而大大提高一次做对的概率，即所谓的一次成功率，最终提高企业运营的整体效率。规则不细化，看起来快了，但容易造成执行的模糊和操作的混乱，往往出现失误要返工，就会欲速则不达了。并且，只有细化和精准的管理规则，企业才可以借助培训进行管理复制、持续执行。

所以，注重细节不是吹毛求疵，两者有着本质区别。

强调细节，非但不会影响，反而会提高效率。首先细节存在于系统之中，成功取决于系统，表现为细节，细节做得好，是整个系统运行的自然结果，而不是要在系统之外专门花时间去做什么细节。其次，细节是相对的，细节做得好坏，需要有标准去确定，细节在企业资源和能力范围内做得越好，产品和服务品质的标准相对越高，因而表现为更加精细化，更具差异化，更显人性化。再次，按照管理发展的程度，我们可以把细节管理的过程分为三个阶段：明确、准确和精确。一个企业首先把规则建立起来，即明确；然后，通过实践矫正那些已经明确但不一定正确的规则，使之具有操作性，并通过不断地实践和研究，使规则更加准确；最后把规则细化，做到精确。管理规则越往精确的阶段发展，工作效率就会越高。为了准确以至精确的规则，大家便能更容易、更快速地把事情做好、做对，从而大大提高一次做对的概率，即所谓的一次成功率，最终提高企业运营的整体效率。

从哪些细节着手来提高工作效率呢？

将工作分类。分类的原则主要包括轻重缓急的原则、相关性原则、工作属地相同原则。轻重缓急包括时间与任务两方面的内容。任务开始以前，先向后看一看，再往前想一想，以避免前后矛盾造成的返工。工作属地相同原则指将工作地点相同的业务尽量归并到一块完成，这样可以减少因为工作地点变化造成的时间浪费。这一点对现场工作人员尤为重要。

在规定的时间内完成约定的工作。管理人员在接收工作任务的同时，都被要求在规定的时间内完成。时刻将时间与质量两个要求贯穿在完成任务的过程当中，并尽可能提前。

因为某项工作会涉及多个部门或是岗位，假如让你来组织这项工作，你会怎么办？由于这项特定的工作有很多中间环节，所以增加了协调的难度。管理人员在组织某项工作时往往只偏重于自己本身所应完成的职责，将工作传递到相关工作部门与工作岗位之后便听之任之了。这样，你会发现工作总是不能按时完成。在检查工作结果的时候，所在的中间环节又各自抱怨给予他的时间太短了，或者是某个中间环节耽误的时间太久了等等。而工作结果只有一个，那就是你没有按期按质量完成工作，你的业绩等级被打了折扣。所以作为一名管理者，要把握工作的完整性。在事先给定各个中间环节完成工作时间的同时，要经常关注他完成的质量与进度，以免其中的某个或是某些环节影响整体工作进度。所以，作为一名组织者，你的职责不仅仅是将文件传递出去，更重要的是敦促你的中间环节处理者按你的要求及时完成分管职责。制订一份工作计划。对于技术与管理员工，制订计划的周期可定为一个月。

华为曾因为细节管理不到位，导致工作效率不高。任正非表示："职业化、规范化、表格化、模板化的管理还十分欠缺。华为是一群从青纱帐里出来的土八路，还习惯于埋个地雷、端个炮楼的工作方法。还不习惯于职业化、表格化、模板化、规范化的管理。重复劳动，重叠的管理还十分多，这就是效率不高的根源。我看过香港秘书的工作，有条有序的一会就把事做完了，而我们还要摸摸索索，做完了还不知合格否，又开一个小会审查，你看看这就是高成本。要迅速实现 IT 管理，我们的干部素质，还必须极大地提高。"

任正非彼时也曾忧虑地说："我们的游击作风还没有褪尽，而国际化的管理风格尚未形成，员工的职业化水平还很低，我们还不具备在国际市场上的驰骋能力，我们的帆船一驶出大洋，就发现了问题。"

于是，1997 年开始，华为与国际著名的顾问公司合作，大力改革人力资源管理制度。逐步建立起了以职位体系为基础、以绩效与薪酬体系为核心的现代人力资源管理制度。促使华为员工的任职能力不断增强，从而使员工承担的责任越来越大，职业化水平越来越高，打造一支可以推动华为更快速发展的职业团队。

第六节 毁灭只因细节管理的松懈

社会上流行一个词叫"差不多"。当你问某公司老板今年发展怎么样？他回答差不多。再问公司管理得怎么样？还是差不多。年终总结怎么样？差不多。来年计划怎么样？差不多。发展目标确定了吗？差不多。工作做得怎么样？差不多。对象谈得怎么样？差不多。学习学得怎么样？差不多。生活过得怎么样？差不多。你家庭幸福吗？差不多。就因为这些差不多使组织管理、家庭管理及个人管理差了很多。

西方流传的一首民谣：丢失一个钉子，坏了一只蹄铁；坏了一只蹄铁，折了一匹战马；折了一匹战马，伤了一位骑士；伤了一位骑士，输了一场战斗；输了一场战斗，亡了一个帝国。马蹄铁上一个钉子是否会丢失，本是初始条件的十分微小的变化，但其"长期"效应却是一个帝国存与亡的根本差别。这就是军事和政治领域中的所谓"蝴蝶效应"，那么对于我们现代企业的发展来说，我们的"蝴蝶"又存在于哪里？应该说，我们每个人的每一次细微的工作，敲定一个符号、纠正一个错误、修正一个计划、回访一个客户……这些微小的行为都和企业的兴盛有内在的逻辑关系。

1995 年 2 月 26 日，英国中央银行英格兰银行宣布了一条震惊世界的消息：巴林银行不得继续从事交易活动并将申请资产清理。10 天后，这家拥有 233 年历史的银行以 1 英镑的象征性价格被荷兰国际集团收购。这一在全球范围内掌控 270 多亿英镑资产的巴林银行，竟是毁于一个年龄只有 28 岁的尼克·里森之手。尼克·里森是英国一个泥瓦匠的儿子，从未上过大学。1987 年，他加入摩根士丹利，成为一名从事清算工作的内勤人员，其职责是确保每笔交易的入账和付款。里森于 1992 年在新加坡任期货交易员时，巴林银行原本有一个"99905"的"错误账户"，专门处理交易过程中因疏忽造成的错误。这原是金融体系运作过程中正常的技术手段之一。伦敦总部要求统一使用原来的 99905 的账户来与伦敦总部联系，但里森已经建立的 88888 错误账户，却没有被销掉。就是这个被忽略的"88888"账户，里森利用"88888"账户掩盖失误。几天后，由于日经指数上升，损失 6 万英镑，里森决定继续隐瞒这笔损失。结果损失越来越大，以至于一发不可收拾，他走上了冒险赌博之路。里森带来的损失达到 8.6 亿英镑，这是巴林银行全部资本及储备金的 1.2 倍，最终把巴林银行送进了坟墓。一个银行的区级职员就能将一个世界级银行毁灭，对管理细节的忽略是导致这家古老银行倒闭的主要原因。

"千里之堤，溃于蚁穴"，说的就是这个道理。土白蚁为害隐蔽，行踪诡秘，即使河堤土坝受害已经十分严重，但从外表看依然完好无损。但由于土白蚁不断在河堤土坝上分群、蚕食、筑巢，导致河堤土坝内蚁巢越来越多，其实已经在慢慢把大堤掏空。一旦汛期到来，水位高涨，水流渗入蚁道、蚁穴，可能立刻就造成管涌、渗漏，毁坏堤坝。可见，白蚁确实可以造成长堤溃决的后果，必须进行科学、细致的观察和研究，才能防患于未然，任何麻痹和对细节的忽视都会带来难以想象的后果。

　　他每天都热情地从一点一滴的小事做起，复印、传真、打电话、接电话等琐碎的事情从来都不嫌麻烦，有不懂的地方总是及时向别人请教。

　　有一天早上，经理叫他去银行汇一笔钱给一个客户，他接到任务后马上带着准备好的对外付汇材料到银行，认真检查了金额、日期、发票、合同，确信没有问题之后交付了。

　　没想到第二天中午，毕业生就被经理叫到办公室。经理的脸色很难看，第一句话就问他："你给香港付款的账号写的是多少？"毕业生马上意识到账号有可能出了问题，仔细对比后，他发现，因为账号是客户方面通过短信发给自己的，而他在把账号记下的时候，最后一个数字正好换行，他没有把短信继续翻下去，故而漏掉了最末尾的一个数字。后来通过多方面和银行沟通，才把这笔钱汇到了客户的账号上。

由于资金没有及时到账，导致客户那边不能按时发货，损害了公司信誉，也造成很大的经济损失。

这件事情说明，有时候尽管你为一件事做了99%的努力，但也许仅仅因为1%的疏忽，前面的努力都会归零，甚至成为负数。这是忽视细节的一大后果。

所以说，对于100件事情，如果99件事情做好了，一件事情未做好，而这一件事就有可能对某一公司、单位及个人产生100%的影响。

一位华为人记录了这样一件"小事"："海外支持'洋名'必不可少，其实就是英文名。我们常常犯一个错误，知道客户的英文名，却不知道自己同事的英文名。大家都作为华为人，以一个集体的身份出现在客户的面前，记住你同事的英文名是和客户进行良好交流的基础。

"举个例子，经常有这样的情况，客户找不到Justin（我司人员张三），打电话给你，而你却不知道张三就是Justin，无法帮助客户找到他，客户此时会觉得非常地不可理解，常常反问：'你不是华为的吗？'简简单单一个英文名也会让我们公司的形象大大受损。所以，海外支持，小事不小，处理好文化差异，于细微之处可建立良好的工作关系。"

企业是怎样前进的呢，它是通过两个途径实现的，一个途径是最大限度地发挥优势，尽可能地"扬长"；另一个途径就是不断地揭短，克服危机，并加以改进，最大限度地"避短"，人们往往注重扬长，而比较忌讳避短，无意之中使自己成为跛足。有这样一句话："成绩不讲逃不了，问题不摆不得了。"华为把小问题摆在了桌面上，有效地避免了危机的发生。

有效的过程管控

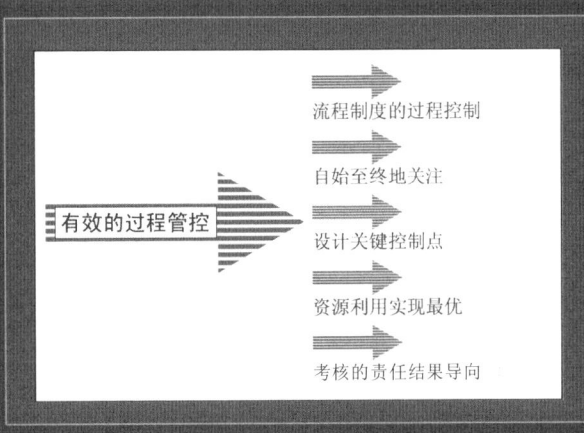

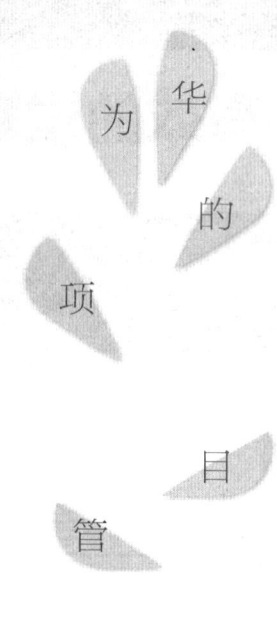

华为的项目管理

第一节 流程制度的过程控制

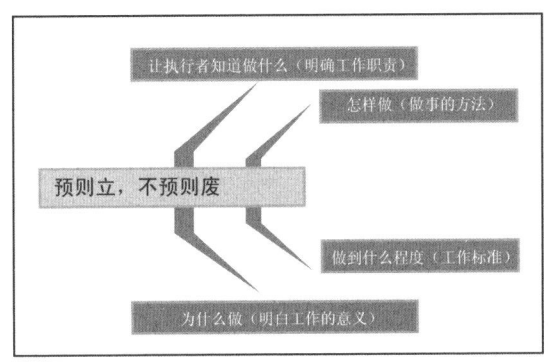

古时，魏文王问名医扁鹊："你们家兄弟三人，都精于医术，到底哪一位医术最好呢？"

扁鹊答说："长兄最好，中兄次之，我最差。"文王吃惊地问："你的名气最大，为何反长兄医术最高呢？"扁鹊惭愧地说："我治病，是治病情严重时。一般人都看到我在经脉上穿针管来放血，在皮肤上敷药等大手术，所以以为我的医术高明，名气因此响遍全国。

"我中兄治病，是治病于病情初起之时。一般人以为他只能治轻微的小病，所以他的名气只在本乡里。

"而我长兄治病，是在病情发作之前。由于一般人不知道他事先能预防疾病发作，所以觉得他水平一般，但医学内行看他水平最高。"

现代品质管理如同医生看病，治标不能忘固本。

许多企业挂着标语"质量是企业的生命",而现实中存在"头疼医头,脚疼医脚"的品质管制误区。造成"重结果轻过程"现象。

结果控制者因为纠正了过程错误,得到员工和领导的认可;而默默无闻的过程控制者不容易引起员工和领导的重视。最终导致项目管理者对表面文章乐此不疲,而对预防式、事前控制、事中控制不感兴趣。

单纯事后控制存在严重的危害。首先,因为缺乏过程控制,下道工序无法及时向上道工序反馈整改意见,造成大量资源浪费。

其次,因为上、下工序间缺乏详细的标准,造成公司各部门之间互相扯皮,影响公司凝聚力,大大降低了生产效率。

再次,员工的质量意识会下降,警惕性下降造成质量事故频发;严重的质量事故会影响公司的信誉,甚至造成失去订单或者带来巨额索赔,给公司造成严重经济损失。

管理重在过程,控制了过程就控制了结果。结果只能由过程产生,什么样的过程产生什么样的结果。过程管理失控最终必然表现为结果失控。

一个小和尚在庙里担任撞钟一职,三个月之后,觉得无聊之极,"当一天和尚撞一天钟"而已。有一天,住持宣布调他到后院劈柴挑水,原因是他不能胜任撞钟一职。小和尚很不服气地问:"我撞的钟难道不准时、不响亮?"住持耐心地告诉他:"你撞的钟虽然很准时、也很响亮,但钟声空泛、疲软,没有感召力。钟声是要唤醒沉迷的众生,因此,撞出的钟声不仅要洪亮,而且要圆润、浑厚、深沉、悠远。"

从管理的角度讲,本故事中的住持犯了三个错误:一是住持没有提前公布工作标准，使小和尚不知道撞钟要撞到什么程度；二、易使他产生懈怠心理；三是没有对小和尚进行相应的训练，使小和尚具备相应的工作技能。所谓凡事"预则立，不预则废"，指的就是事先要对所布置的工作进行全面规划，让执行者知道做什么（明确工作职责）、为什么做（明白工作的意义）、怎样做（做事的方法）以及做到什么程度（工作标准），只有这样，才能保证执行者达到让管理者满意的工作效果。

所以，我们将管理规则划分为制度和程序就是想说明：在某种程度上，程序比制度更重要。要想达到满意的管理效果，就必须通过一定的程序来保证这种效果的实现，否则只注重结果而不注重过程，往往会欲速不达，得不到所期望的结果。而注重程序，在实践中的表现就是要加强对员工的培训。

海尔集团将过程管理控制到"每个人每天的每件事"。下属某公司有四十多名驻外营销人员，总部四名管理人员对四十多人的全部营销过程进行控制。每天早晨八点钟，总部的管理人员都要打电话对营销人员进行检查，看他们是否准时到达指定客户（或工作地点）开展工作；每天傍晚五点至六点，营销人员都要准时与总部管理人员联系，汇报当日工作，包括到什么地方，拜访什么客户，商谈什么问题，解决了什么问题，还存在什么问题，需要公司提供何种帮助，客户的姓名、地址、电话等，以及明天的工作计划。

总部管理人员将汇报的所有信息记录在公司的"日清单"上。公司总部将根据汇报的信息，定期或不定期进行抽查，调查汇报信息的真实性。营销人员每天也要填写"日清单"（相当于行销日记）。

营销人员回公司报销、述职时，管理人员要对照"日清单"核定票据的真实性，然后才予以报销。

这种全过程管理起到了五大作用：第一，它使所有营销人员的工作处于受控状态，"将在外，君命有所不受"的状态彻底改观；第二，营销人员时时感受到压力，克服惰性，提高销售业绩；第三，营销人员记"日清单"，不断反省总结经验教训，从而使能力提高，每天都有进步；第四，总部掌握了情况，能够在营销人员最需要的时候向他们提供最及时的销售支持；第五，公司通过分析"日清单"，能够掌握市场总体状况，及时调整政策和思路。

以前，华为人只重"结果"，不愿意按照流程操作，而任职资格体系建立之后，"流程执行"是管理者职业化水平的一个重要衡量指标。不管是集成产品开发、集成供应链等核心业务管理，还是人力资源、财务等支撑业务管理，华为人都需要按照"电子流"运行。

这种变化甚至包括客户接待、会务安排等等细节。有位客户参观之后，对华为司机的着装、礼仪和服务水准赞不绝口。实际上，针对不同类别的来访对象，华为都制定了相应规格的接待流程。华为的接待工作是流程化管理，每一个时期都有一个接待标准和政策，按照流程，什么级别的客户就安排什么样的礼遇，以及安排什么级别的公司领导去接待。对那些不了解中国、不了解华为实力的外国官员，这样奢华的接待不仅使他们感到满足和高兴，而且还可使他们改变看法，至少华为是这么认为。在国内外市场上的成功越发令华为相信这么做的正确性，也越发自信地不断加大在这方面的投入力度，这就让外界认为华为的手笔越来越大，场面越来越铺张，给人一种错觉"华为很浪费",或者"华为的经营模式太粗放了"。

除了系统正式的培训之外,华为甚至将不同国家地区的风俗礼仪、主要食谱等印刷成册发给公司所有管理人员学习,从馈赠礼品的选择,会议室的陈列布置,再到餐食的配置,都达到了世界级的专业化水平,很多国内企业参观后都想回去在自己企业中复制一下,但实施起来又都觉得非常困难。仔细研究之后才发现,先进的系统支撑的接待流程,再加上训练有素的职业化队伍,是华为在服务接待质量方面都能够稳定保持在高水准的关键。

通过引进集成产品开发和推行职业化,华为在制度与人这两个方面都获得了巨大的变化。其带来的变化中最直观的一个,就是人均产出的大幅度提升。1996 年的时候华为人几乎天天加班,但企业的人均销售收入才 57 万元 / 年;而到了 2005 年,加班现象越来越少,人均销售收入却增加到了接近 150 万元 / 年。

"质量管理体系"是华为所有业务运作的支持体系与运作平台,是各业务运作标准化的集成。并不是 20 世纪早期提出的那种狭隘"检查质量"。华为的质量管理体系是从市场的战略规划、商业机会获取到取得客户订单、产品设计开发、生产、交付与服务的整个管理过程的标准化体系运作。质量管理是每个业务模块对其自身业务运作的标准化管理,以达到输出符合质量的要求。"质量管理"就是"业务管理",同样"业务管理"就是"质量管理"!质量的"全员参与""人人有责"的说法,是要求每个人对自己负责的业务负责。并不是出了质量问题,去问责那些不相干的人。

另外,华为公司不是等待目标已经实现以后再予评价,而是在发展过程中进行评价，这使评价的准确性更加困难。当一件事情做完了来对它评价，是很容易的，当一件事情做了一半来对它评价则很难。但是华为公司还是坚持在事物的发展过程中进行评价，并强调企业要迅速发展，不能等待事事有结果之后再实行"盖棺定论"。

第二节 自始至终地关注 ▶▶▶▶

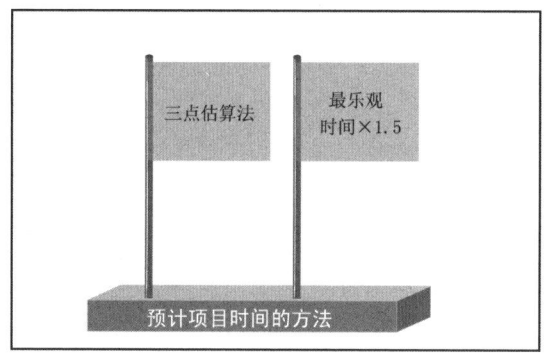

华为员工的工作任务很多，而且交期都很紧张。可是，华为人几乎不会出现交期延误的情况，反而经常提前完成工作任务：

Optimus 是葡萄牙最大的私营企业 Sonae 和法国电信合资的电信企业，经过慎重的考虑和抉择，Optimus 选择华为实施其 UMTS（通用移动通信系统）项目。按照项目计划，2006 年的建设量是 10 个月内完成 500 多个基站，其中第一阶段在一个半月内要完成全部基站数量的 30%，其中包括搬迁 80 多个现网基站，同时完成其余基站的新建。

虽然此项目工程交付时间紧、任务重，但是华为的项目组却经过艰苦不懈的努力，按时完成了第一阶段所有的基站搬迁工作及新基站建设工作，高峰期达到每周建设 40 多个基站的工作量，网络指标亦达到客户的预期目标。

面对交期颇紧的项目，华为人凭借对目标执行进度的全程监控，严格管控交期进度。那么，华为人是如何做好过程控制的呢？一位工程师对该项目进度监控方法进行了总结。

首先是确定项目起止日期即根据项目网络图、交期估算、资源要求与资源共享、作业安排及主要约束条件和工作的提前、滞后说明，采用系统分析法、模拟法、资源水平法、甘特图法、项目计划管理软件等，编制项目工期计划，确定时间目标。

在项目实施后，要对整个项目的工期和任务量进行专业分析，将其分成单项目，建立单项的月、旬进度控制图表，以便对单项的月、旬进度进行监控。

由于项目实施过程中的人力、物力、技术管理方面的失误等，给项目实现带来了极大障碍，因此在实施过程中，华为人会随时了解项目实际完成的进度，发现进度偏差后，及时分析该偏差对后续工作和对总工期的影响。经过分析，华为员工确认了存在进度偏差的工作任务，即可据之采取调整措施，形成符合计划目标要求的新进度计划。

在实施进度分析的基础上，华为员工还会挑战原来的进度计划。

华为员工会采用两种方法来调整进度计划：一种是改变某些工作任务之间的逻辑关系，即当实际进度偏差影响了总工期，在工作任务之间的逻辑关系允许改变的条件下，改变关键线路和超过计划工期的非关键线路上的有关工作任务之间的逻辑关系，达到缩短工期的目的。另一种则是缩短某些工作任务的持续时间，即不改变工作任务之间的逻辑关系，而是缩短某些工作任务的持续时间，使作业进度加快，保证实现计划工期。

通过对目标过程的关注，华为员工也确保每一项工作都在自己的掌控中。即使工作量再多，也能够在正确的时间内完成应该完成的工作。

为了更理想地管控各项工作的执行情况，无论是华为员工，还是其他企业的员工，都会用到一个有效的工具：甘特图。

项目的时间表学名叫作甘特图（Gantt Chart），因为是一个叫甘特的人发明的，所以就以他的名字命名了。甘特图可以通过Microsoft Project 等项目管理软件轻松地制作出来。

项目的独特性决定了项目时间不可能是板上钉钉的。天有不测风云，项目推进中会出各种各样的岔子。怎么办？留出一些机动时间，把它加到单项活动时间当中去。较为合理的时间估算方法有很多，最常用的有两种方法：

（1）三点估算法：是基于PERT（计划评审技术）的时间估算法。

（最悲观时间 +4× 最可能时间 + 乐观时间）/6。

（2）最乐观时间 × 1.5。

不管采用哪种方法，算式中的时间还要靠专家或者过去的经验值来估算。这些估算最好是自下而上地从最底层的活动时间开始叠加，否则就容易造成很大误差。比如，你问别人做一顿家常便饭用多长时间，有人说 10 分钟，有人说 1 小时。大家差异很大。但如果你告诉我，要煮米饭、做个西红柿炒鸡蛋、拍根黄瓜、拌个拉皮儿，我就能够更确切地告诉你总的时间了。所以，WBS 是准确估算时间的基础，在没写 WBS 之前，所有的估算都是浮云。

第三节 设计关键控制点

有不少的项目经理不能够执行时间表上的任务是因为他们的大部分时间都是在灭火，往往最后就成了 99% 的更新丧失了日程，最后就干脆没有时间表了。项目初期的时间表给项目设一个详细的时间表，定义每一个关键完成点的时间，这样能有效地在项目中期解决火火的问题。这个比喻很简单，当大家共同包饺子的时候，会设定某人去买原材料需要花多长时间，某人拌面需要花多长时间，某人剁馅需要花多长时间，只有所有人都按时完成了任务，才可以按时吃上自己包的饺子。如果到该吃饺子的时候才发现没做完，那项目经理只有去超市买现成的速冻饺子，这样既浪费了时间也浪费了金钱，目的是达到了，但失去了原来的利益点。但如果我们规定好了时间，当买原材料的时候发现没按时完成，那其他人会帮他想办法完成并马上总结在后面的某个时段怎么能将这个时间点弥补回来，以便按时完成，即便是最后一道下饺子的程序不能按时完成，前面所有的时间都按时完成了，那可以弥补的时间也不会太多，不至于连材料都没有，根本无法弥补。所以这是另一个问题，当你去制订目标时间点的时候，需要给项目留出足够可以弥补的时间，这也是大多数项目经理留给自己救火的救命时间，这个时间点是项目最后的救命稻草，能让项目完成，但至于能不能得到利益，就不可估计了。

在做甘特图的时候，一定要特别考虑一些节点。比如，工厂测试，一定要打出与工厂协调的时间；牵扯到原料进出口的时候，要考虑到通关时间；开会决定一件事看上去好像只要一天，但安排这个会往往需要一周。所以，在做甘特图的时候，需要考虑预留一定的空间。

在做甘特图中，历经时间最长的路径被称为关键路径（critical path），它决定了整个项目的总时间。要想把劲使在刀刃上，就必须盯住关键路径。不过虽说关键路径以外的工作多少有些回旋的余地，但是一旦耽搁过久，这些部分也可能会动态地变成新的关键路径。所以做项目就像开车，虽然主要看着前方，走在关键路径上，但要时不时地照看周围的情况，别阴沟里翻船。

你可能会问，"是什么因素最终决定了我的项目的时间长度？"答案是延迟，关键路径由一系列任务构成，它规定了项目的完成日期。如果关键路径上的某一任务发生变化，项目的结束日期也将发生变化。

关键任务是指一旦延迟就会影响项目完成日期的任务。在典型的项目中，很多任务都有一些可宽延时间，因此即使延迟一小段时间也不会影响其他任务或项目的完成日期。

在修改任务以解决过度分配问题、调整成本或修改范围时，请注意关键任务及对其所做的更改将影响项目的完成日期。关键任务组成了日程的关键路径。

当一项任务满足以下任何一项条件时，该任务即成为关键任务：

该任务没有可宽延时间（又称"浮动"）。

该任务具有"必须开始于"（MSO）或"必须完成于"（MFO）的日期约束。

在一个从开始日期排定的项目中，该任务有"越晚越好"（ALAP）的限制。

在一个从完成日期排定的项目中，该任务有"越早越好"（ASAP）的限制。

该任务的完成日期与其截止时间日期相同或晚于后者。

一项任务在完成后就不再是关键任务，因为它不再影响后续任务的完成或项目完成日期。

关键路径显示项目的哪些内容？

通过了解和跟踪项目的关键路径，以及分配给关键任务的资源，可以确定哪些任务会影响项目的完成日期，以及项目是否可以按时完成。

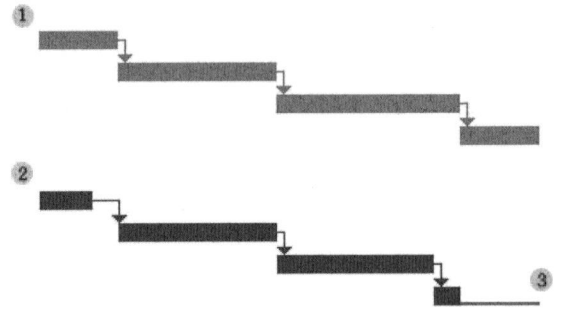

①上方的任务序列没有可宽延时间，因而会影响项目的完成日期。此序列中的所有任务都在关键路径上，称为关键任务。在 Microsoft Office Project 2007 的"详细甘特图"视图中，关键任务显示为红色。

②下方的任务序列不影响项目的完成日期，因此这些任务均为非关键任务。在"详细甘特图"视图中，非关键任务显示为蓝色。

可宽延的总时间（又称"浮动"）是此任务序列在影响项目的完成日期之前可以延迟的时间量。在"详细甘特图"视图中，可宽延的总时间显示为一条细细的蓝绿色线。

如果项目必须如期完成，应该密切关注关键路径上的任务以及为其分配的资源。如果某项关键任务的持续时间超过预期，或所分配的资源突然不可用，则项目将无法按原来的完成日期完成。

华为对欧洲等发达国家市场觊觎已久。但是，华为的技术曾一度难以被欧美高端市场所接受。任正非曾说："由于历史原因，我们在市场还处于低层次的网上，要在外国公司已然覆盖的网中，逐个争夺一个一个的小点。"于是，2001 年，华为以 10GSDH 光网络产品进入德国，通过与当地代理商合作，将产品成功打入德国、法国、西班牙、英国等发达国家和地区。2003 年，华为宣布与 3COM、西门子公司开展两个重大合资项目，并在欧洲开展了大规模的宣传造势活动。2004 年，华为为荷兰移动通信运营商 TELFORT 建设 3G 网络，为美国 NHCH 公司建设 CDMA 2000 移动网络。自此，中国 3G 设备首次在欧美成功商用。

任正非在企业战略计划中，设定了一个一个的关键控制点（小点），使其在执行计划时通过这些关键控制点准确把握计划进展状态，以控制整个目标得以实现，并最终在事实上实现了欧美市场计划的成功。那么，华为如何有效地设置这些关键控制点呢？一是对关键控制点的选择，二是对关键控制点的确定。

计划中的每一个目标、每一项业务活动、每一种程序，都可作为控制点。而关键控制点是那些对评价时间管理效率具有关键意义的因素，如企业的生产率、交工期限等。有了这些标准，才能够扩大管理广度和深度，达到控制运营、作业时间的预期效果。

华为在计划落实过程中，通过阶段性检查，及时发现问题，对于自己难以解决的问题，获取项目组成员或上层管理者的支持。例如，计划在 3 天之内为 6 位客户的系统做完检测，那么在第一天就会设立控制点，而不是检测完第一位客户的系统后，因为接下来必须通过增加人手、提高效率等方式来保证任务的如期完成。

另外，还有些优秀的员工坚持工作周记和工作日记，对计划的执行情况进行总结，发现和纠正各种偏差，并对计划进行调整和滚动；同时，对前期的工作时间分配进行分析，不断改进时间管理。

华为颁布了全球统一的业务流程架构。针对每个流程公司识别关键控制点和任命每个全球流程的负责人。同时，华为也发布了全球流程控制手册及职责分离矩阵，并应用于所有子公司和业务单元。全球流程责任人根据风险和业务状况，维护和确保内控的有效性。信息与沟通公司设立多维度的信息与沟通渠道，及时获取来自外部的各种信息，例如客户、供应商的信息；并通畅公司内部的信息传递。公司经营管理层通过日常会议与各体系和部门定期沟通，以协助制定运营导向及保证管理层的决策能有效落实。同时，公司在内部网站上发布所有业务政策和流程，并定期由各级管理者／流程责任人组织业务流程和内控培训，确保所有员工能及时掌握信息。公司亦建立了各级流程责任人之间的定期沟通机制，回顾内控执行状况，跟进和落实内控问题改进计划。

流程的制定、监控、落实其实是一个由面及线再到点的过程，面、线再合理，最终点的质量直接决定流程的质量。员工的执行效果是最为重要的，好比宽带最后一公里的问题，越是末端越难适配和解决。

华为哈尔滨代表处结合LTC夯实工作，针对客户诉求、公司战略、自身业务，进行分析采样，抓住主要矛盾，识别出业务痛点、制定合理目标和策略，用流程质量的方法实现优化，改进措施落实到流程的关键控制点中，抓住这些点在员工层面持续运营，让每个员工切实知道"我需要做什么？我该怎么做？做得好会有什么奖励？做得不好会有什么惩罚？"，把人为的、经验的、短期的、偶然的成功，变为流程的、能力的、长期的、必然的成功。

中国解放战争的奠定战役是辽沈战役，辽沈战役的关键点在于锦州的夺取，锦州的夺取关键点在于塔山的坚守，所以对于业务来说抽丝剥茧抓住关键控制点（KCP，Key Control Point）至关重要。

流程即业务最佳实践途径，流程好比数字信号，业务好比模拟信号，流程是对业务这个模拟信号的抽样，抽样太粗，容易失真，抽样太细，成本太大，度的把握至关重要，比如捆绑的业务场景，监控点太少，无法掌控，监控点太多，效率太低，经过深度调查，从商务概要、客户证明、SDT 决策、核销清晰、收货规范等五个维度把关，就能准确把握业务安全和效率的平衡。所以，如何准确把握流程的关键控制点？这些控制点如何能够准确对准业务？如何能抓住业务的本质实现流程化管理？这是需要我们进一步思考和探索的。

关键控制点是必须要有的，但需要注意的是，过犹不及。任正非曾在文章中这样写道："谁来呼唤炮火，应该让听得见炮声的人来决策。而现在我们恰好是反过来的。机关不了解前线，但拥有太多的权力与资源，为了控制运营的风险，自然而然地设置了许多流程控制点，而且不愿意授权。过多的流程控制点，会降低运行效率，增加运作成本，滋生官僚主义及教条主义。当然，因内控需要而设置合理的流程控制点是必需的。"

在华为，针对每一个具体的项目，特别是那些比较难以实现的目标，华为人习惯于先从最终目的开始，确定目标实现的途径及需要完成的具体工作，把总目标分解为一个个可执行的单元。将其细分成几个阶段，每个阶段为一个里程碑。通过检验各个里程碑的完成情况，实现对任务实施情况的控制。

以半年完成 100 万元销售额为例，我们可以将其分解成三个不同的阶段：第一阶段（1 个月）完成 20 万元；第二阶段（2 个月）完成 40 万元；第三阶段（3 个）月完成剩下的 40 万元。

任务分解得越详细，执行起来维度就越小。更重要的是，每完成一个阶段的工作，我们就有一种成就感，工作压力也会越来越小。而且，通过对工作任务的细分，华为员工更容易对当下的工作进度进行掌控，并最终确定是否需要调整自己的工作效率。

王宁（化名）在华为做科研工作已有 3 年，对于任务分解极有经验。他说："进行技术优化前，我通常会细致地划分目标完成阶段，制定一个个易于实现的小目标，例如，每天接受多长时间的培训或学习，什么时候可以大致了解，什么时候可以熟练，什么时候能发现技术中存在的缺陷，什么时候能够从掌握的技术中提炼出更新、更贴近用户的技术……最后确定总目标实现的时间。而在确定这个时间时，通常我会留 10% 的宽裕时间，以免因突发事件或临时任务导致目标无法按时完成。"

王宁就是通过循序渐进地实现一个个小的既定目标，最终实现总目标。

因此，针对一项看起来比较困难的任务，我们要学会将其设计成多个不同的节点，然后针对每个节点进行监督和控制：这样，我们就能够一步一步地实现目标，确保任务按时完成。

第四节 资源利用实现最优

管理大师德鲁克非常重视资源利用在项目管理上的重要性，他告诫管理者必须学会对一切资源进行管理，德鲁克说："智力、想象力及知识等才能只是资源，资源转化为成果是靠管理者的有效工作。"在德鲁克看来，一个知识工作者如果能够凭借其职位和知识，充分发挥资源的价值，就能够实质性地提升该组织的经营能力，并创造出最好的成果。因此，作为管理者，要学会用自己的智慧，调动一切可利用的资源，保证资源利用实现最优。

要做到这一点，首先企业应创造良好的硬件条件。

在华为，一线作战单位拥有资源调配权，根据自身需要呼唤与之相匹配的资源。否则，利润中心拥有了更多的资源调配和业务决策权力，却不能保证增长和盈利，就会造成资源的巨大浪费，使公司受损。资源得以有效配置，创造出最大的价值。

在华为，一个好的项目经理，必然也是一位资源调配高手，能够通过快速整合外部客户资源、内部技术资源及人才团队，最终建立起基于客户导向的流程，员工、技术相结合的项目作业模式。而在资源整合过程中，信息化的共享也成为华为人高效办公和获取他人同步支持的重要工作手段。对于华为而言，项目组不仅仅在办公室内或客户方办公，流程、员工、技术相结合而形成的新型协作模式使得公司内各方资源得以迅速应用到需求缺口上，进而实现全天候的同步办公。

一位贤明的父亲和他7岁大的儿子整理后花园，他们遇到了一块埋在土中的大石头。父亲觉得这是一个教育孩子的好机会，于是他要孩子自己将大石头移开。孩子推了半天，石头仍然不动，就聪明地在旁边挖了个洞，找来一根木头插进洞中，把另一块小石头垫在底下，使劲地往上撬，但大石头仍纹丝不动。显而易见，以他的力气是不足以搬动大石头的。孩子告诉父亲他搬不动，父亲在一旁看得很清楚，但仍冷冷地说你要尽全力。这一次，孩子用尽了全身的力气，小脸都憋得通红，到后来将整个身体的重量都压在木头上了，石头仍纹丝不动。孩子大喘着气，颓然坐下。父亲和蔼地走到他身边，问道："你确定你真的用尽全力了吗？"孩子说当然用尽了。这时父亲温柔地拉起孩子的小手说："不，儿子，你还没有用尽全力。我就在你旁边，可你没有向我求援。"

在工作中，我们也常常陷入这样的局面，也许我们本身已经足够努力，但总是没有获得较好的工作业绩。这时候，我们是否能够停下来，仔细地看看自己的周围，我们是否用好了自己所能调动的一切资源呢？

对于华为的求助系统，任正非说："公司管理是一个矩阵系统，运作起来就是一个求助网。"每一名新员工都应该成为这个大系统中一个开放的子系统，积极、有效地既求助于他人，同时又给予他人支援，在汲取别人的经验的基础上，尽快进入角色，快速提高自己。

信息化的时代，只有资源共享才能够充分利用有限的资源。华为实施的"求助"系统，既能够使员工圆满地完成任务，又充分发挥各个职能部门的作用。这样，不仅避免了各部门工作的重复努力，也减少了成本支出，组织的资源也能够得到充分的利用。

第五节 考核的责任结果导向

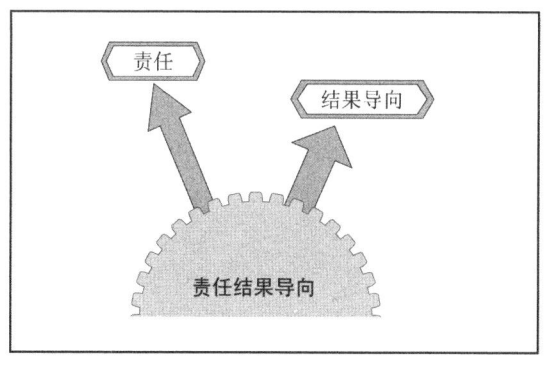

考评公正，也即做得好的考评好，做得不好的考评差。一个好的考评制度是基层员工工作的重中之重，中国人的特点是"不患寡而患不均"，大家都有一毛可以，但是我有一块，你有一块一那就不行了。因此一个好的考评制度关系到项目组的成败，甚至公司的成败。而对于项目组员工的考评，项目负责人有相当的发言权。华为为了考评公正制定了一系列的措施。

2010 年，任正非在人力资源管理纲要第一次研讨会上这样说道："我们的待遇体系，是基于贡献为准绳的。我们说的贡献和目标结果，并不完全是可视的，它有长期的、短期的，有直接的、间接的，也包括战略、虚的、无形的结果。因为只有以责任结果为导向才是公平的，关键过程行为考核机制与此没有任何矛盾。关键过程行为与成功的实践经验，有价值的结果，是一致的。不能为客户输出任何有益结果的能力，我们是不承认的，这就是我们多年来不承认茶壶中饺子的缘由。无论你人格如何高大，品德如何高尚，学问如何渊博……你得到人们承认的，一定是通过一定形式表现出来的。我们强调以责任结果导向来选拔干部，如何避免偏见和短视，确实是一件非常难的事情，它考验着各级干部。善于处理这些事情的人，就更有可能成长为高级干部。如何包容那些迟发的天才，是一件更难的事情，不然你怎么会是领袖人物呢？那些一次就将事情做好，表面上工作很轻松的员工，是潜能很大的苗子，党委及各级组织要帮助他们成长。我们要去除不能为客户创造价值的多余动作，我们要警惕劣胜优汰。"

对于业务素质较高但责任结果不够好的人，华为也没有一棍子打死，而是希望他们多做具体的工作，将业务素质转化为实际的责任结果。这说明华为也充分认识到，金无足赤，人无完人，责任结果不好可能有多方面的原因。也许是没有掌握或使用正确的工作方法，是"茶壶里装饺子"，有劲没有使上。要给予他们更多的机会，通过基层的锻炼，最终希望其将优势转化为胜势。当然，前提是他们能认识到自己的问题所在，并将华为的核心价值导向始终作为自己行动的指南。毕竟业务素质的好坏最终需要用成绩来说话。不能抓老鼠，素质再高的猫也不能称为好猫。在现实工作中，不乏这样的案例：华为有一个员工 A，工作经验丰富、技术能力也较强，本拟作为管理后备干部来培养。但由于其对公司文化不认可，对任职资格、待遇的关注程度远大于对绩效的关注，个人英雄主义严重。虽有较强的业务能力，但并没有很好地转化为对公司的实际贡献，而是成了其炫耀和向公司讨价还价的资本。很显然，这样的员工就不能任用和提拔，而是安排到更基层的岗位上甚至纳入末位淘汰名单。

华为强调责任结果，从人力资源管理的角度，选、育、用、留、裁等每一环节，无不体现出这一目标导向。以招聘工作为例：华为有一段时间，招聘曾有片面追求高学历、名牌院校等误区。导致的结果就是人员成本居高不下，人岗不匹配，没有形成合理的人才梯队，员工的期望值偏高，容易造成队伍的不稳定和人员的流失。同时，许多能力突出、有实际工作经验的人希望到华为来工作，却因为学历等原因被拒之门外。值得庆幸的是，这种招聘标准现已得到了及时纠正。华为实行岗位责任制要的是员工的实际贡献和绩效，而不是学历或其他形而上学的东西。

责任

春天时，河东的县长组织人员兴修水利，加固河堤，河西的县没什么动作。夏天，洪水来了，河东安然无恙，一派平静，河西的大堤却频频告急，濒临决堤，县城安全受到严重威胁，全国人民的目光都聚集在这里。河西的县长组织各方人力，日夜守候在大堤上，一起日夜奋战。

一个月后，洪水退去。两个月后，抗洪表彰大会举行，河西的县长获得了极大的嘉奖，河东的县长却什么也没有……半年后，河西的县长升了官，河东的县长还是县长……

这种现象是否合理？真是河西县长更应该得到奖励吗？现实绩效评价工作中，也不乏似曾相识的场景和困惑：

是否防火不如救火？默默无闻、埋头工作会吃亏吗？是否必须有亮点和表扬信，绩效才会好？

除了做好本职工作之外，是否还要看包装、搞汇报，把工作做出彩，绩效才会好？

是不是只有加班多，工作量大，绩效才会好？

亮点、表扬信、加班、救火、出彩……现象纷杂。如果再对某个现象进一步分析，又会发现实际情况更为复杂，甚至可能分析出两类亮点、三类加班、四类出彩……真的是"乱花渐欲迷人眼"。那么作为管理者究竟应该如何考虑，绩效评价到底应该评什么呢？

分享一个案例《一次绩效评议中的讨论》，看看这位管理者是怎么做的：

PL（项目负责人）：员工 A 完成了 X 项目交付，完成得不错，有亮点。

LM：你指的亮点具体是什么？

PL：这个项目很复杂，员工 A 把其中几个难点都解决了，而且还收到了周边的表扬信。

LM：为什么他会被表扬？他给团队和周边部门带来的价值是什么？

PL：……（详细事实、具体工作、最后的结果、贡献）

LM：亮点和表扬信有些笼统，要讲清楚里面具体的事实、结果和贡献。

PL：员工 B 的工作量很大，加班非常多，建议得 B+。

LM：工作量大、加班多的原因是什么？最后的产出是什么？

PL：项目中突发情况比较多，有时候还需要救火，他完成得很好……

LM：评价不是看加班、比苦劳，而是要看最后的产出，看功劳。另外，能否具体讲讲他之所以救火，问题出在哪里呢？

PL：……（出现突发情况的原因、B 的具体工作、结果）

LM：救火也要进一步去了解，自己先放火再救火，这不是我们需要的。火需要救，更需要防，我们要提倡一次把事情做好……

案例中的 LM 通过不断地澄清问题，帮助 PL 在评价中透过各种现象抓住绩效的本质，准确做出评价。管理者只有准确理解绩效的内涵，才能在评价中跳出种种现象的困扰和纠结。

华为公司对项目绩效的定义如下：绩效不仅仅是看销售额，还要看员工在本岗位担负责任的有效产出和结果。归根结底，也就是评价时要看结果，而且强调是要给客户、给上下游、给团队带来贡献和价值的有效结果。现实评价中，亮点、加班、救火等各种现象总会变幻，以上种种都不一定是错，只是需要每个管理者理解绩效的本质，多问几个问题：现象背后，实际的结果是什么？对团队、客户的贡献和价值是什么?

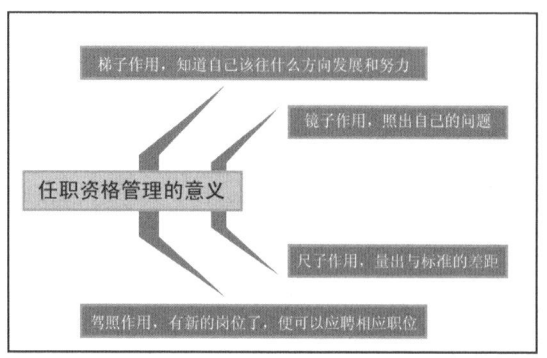

华为任职资格管理体系主要解决了在中国的职业化进程中的一些重要问题,特别是在工业经济转向知识型经济的过程中传统的管理手段不能解决的员工管理问题,即由以事为中心转向更为关注人的管理模式,这是符合知识经济的本质要求的。

华为成功实施了任职资格制度,共有五大族,51 类,几百个子类,基本上所有的岗位都有自己的任职资格标准。任职资格的目的是,引导有水平的人做实,让做实的人提高水平,通过学习、磨炼慢慢培养既有水平又能做实的人。标准会告诉你,在这个岗位上,要想做出业绩来,关键的行为是什么、需要的素质是哪些、要掌握的知识技能是哪些。一个人要想在职业上获得更高的提升,必须按照这个标准对照着来做。通常情况下,华为的任职资格一年认证一次,半年复核一次。这其实是华为人的自我管理——你按照你自己的标准去学习、去做,不需要主管或者公司的其他人来督促你,这是自我管理机制里面非常重要的一点。

举例来说,华为的软件工程师可以从 1 级开始做到 9 级,9 级相当于副总裁的级别，享受同一级别待遇。新员工进来之后，如何向更高级别发展，怎么知道差距？华为有明确的制度，比如1级标准是写万行代码，做过什么类型的产品等，有量化、明确的要求。员工可以根据这个标准自检。比如：我的C语言能力差，便可以通过 iLearning 平台去学，或在工作中有意识地学习和积累。通过一段时间的实践学习，达到了1级的水平。接下来，可以向2级的标准进发。这就是任职资格的管理。

而任职资格管理的意义就在于：镜子作用，照出自己的问题；尺子作用，量出与标准的差距；梯子作用，知道自己该往什么方向发展和努力；驾照作用，有新的岗位了，便可以应聘相应职位。这种透明的机制，能不牵引员工主动向上学习吗？

有人可能知道，华为的绩效管理是很残酷的。A和B+中间看起来只差一个档次，但奖金却可能是一辆车的差距。所以，在华为绝对没有"大锅饭"，绩效档次拉得很开。

2012年8月，任正非在EMT办公例会上这样讲道："我以前觉得公司很有希望，当年成都工程安装的新员工没有便携机，背着一背包的各种工程标准的书到山沟沟里去读，这就是华为的希望。现在什么都不明白，就大规模地外包，什么数据都工程方做的，根本就没有这个能力，凭什么拿这么多股票和工资，现在重新洗牌，要把南郭先生从这个里面洗出来。我不否定老干部，但洗出来不管职务多高都得回炉，还得学会这些东西，取得任职资格。工程任职资格需要哪几条要定出来，标准开放给大家考试，就像考托福一样，笔试考试合格了再给口试机会，口试合格能回复各种问题，证明笔试不是抄来的，就过关，给任职资格。要构筑全套的工程交付能力，但人可以不是全面发展，可以有几条职业通道，达到标准可以去做工程经理、工程监理和技术专家，拼起来就是一个工程，要加快接班人继任计划的管理。"

竞争上岗的基本条件是任职资格，这就导致了任何一个岗位都会有 3 到 4 个达到任职资格的人等在这个地方，这就是任正非提出的"饿狼逼饱狼"，你在这个岗位上必须好好干，否则马上就有接替者。

民营企业最大的问题就是一个萝卜一个坑，老板总觉得自己没有后续人才，其实是人才储备体系出了问题。又有人提出，说我天天参加任职资格，我业绩不行，行不行？这就是现在很多民营企业做的，这个人很闲就去培训，越忙越抽不出时间培训。华为不然，要想参加任职资格培训，有一个前提条件，绩效考核一共 15 分，必须达到 12 分以上，这就避免有的人一味地参加能力晋升，但是业绩做不出来。就把绩效、能力、岗位这几条打通了。我们现在很多企业考核任职资格、绩效、培训都各干各的不配套，华为是责、权、利、能四位一体。

结果导向

考核到底是应该"考结果"，还是"看过程"？有人说当然应该"考结果"，没有好的结果，过程再好有什么用。有人说应该"看过程"，好的过程能产生好的结果，不好的过程产生不好的结果，不好的过程即使凑巧产生了好的结果，那也是不可重复的，没有多大意义。还有人说，"结果"和"过程"应该并重。如果不能说清楚应该怎么并重，那也是等于没说。

如果考察周期比较长，绩效结果无疑是最终目的，考核应该考结果。从长期看，最终结果的好坏一定是由平时工作的好坏决定的，"以成败论英雄"从长期和统计意义上看没有一点问题。

如果考察周期比较短，就得小心了。一个城市的消防官员上任半年，如果该城市没有发生大的火灾，是不是就该褒奖？如果发生了损失巨大的火灾，是不是就应该立即撤职呢？消防官员最重要的职责应该是防患于未然，但预防工作需要平时默默无闻地大量投入，很多措施一时半会儿还起不了作用，而火灾事故却是不确定性很强的小概率事件，半年内的火灾发生情况与消防官员的努力不见得有很强的相关性。如果简单地使用结果导向考核，无法保证筛选和留任优秀的消防官员。评价一个干了四五年的消防官员，其任职期间发生的火灾事故数量足以说明称职不称职，但评价一个干了半年的消防官员，可能更重要的是看他平时采取了哪些措施，并如何落实等过程行为。

考察周期到底多长算长，需要根据任务性质把握。有些工作也许一两周就算长的了，有些工作一两年都不一定能反映出来。

设定目标强调结果导向，通过授权降低日常管理监控成本，被考核者自主性的增加有助于充分发挥主动性，有助于减少花里胡哨的表面文章。过程关键行为考察和辅导有助于去伪存真和及时纠正偏差。实际情况中应根据具体情况使用最匹配的方法。在不适当的场合哪怕只是灰度比例的失调都可能造成负面影响，更不用说走极端了。

2013 年市场大会"优秀小国表彰会"上，任正非给徐文伟、张平安、陈军、余承东、万飚颁发了一项特殊的表彰——"从零起飞奖"。这些获奖的人员 2012 年年终奖金为"零"。

2012 年，他们的团队经历奋勇拼搏，虽然取得重大突破，但结果并不尽如人意。于是，这些团队的负责人在这里践行当初"不达底线目标，团队负责人零奖金"的承诺。

任正非在为他们颁发"从零起飞奖"后发表讲话，他说："我很兴奋给他们颁发了从零起飞奖，因为他们 5 个人都是在做出重大贡献后自愿放弃年终奖的，他们的这种行为就是英雄。他们的英雄行为和我们刚才获奖的那些人，再加上公司全体员工的努力，我们除了胜利还有什么路可走？"

华为公司强调："公司高、中、基层干部的考核都要贯彻责任结果导向的方针。同时，对高、中级干部，尤其是高级干部要逐步试行关键行为过程考核，以提高高、中级干部的领导能力和影响力，充分发挥组织的力量。"层级越高，所做工作的影响越长远，短期考评宜重点考察关键过程行为，长期考评则应重点放在结果上。对于显效周期长的工作可以分成阶段，阶段成果就有可能适用结果导向，但要防止简单分解的机械做法。中间还有广阔的灰色地带，需要根据具体情况实事求是地对待，但遵循的原则是相同的。

第六章

HUAWEI 华为的项目管理

维持项目团队稳定

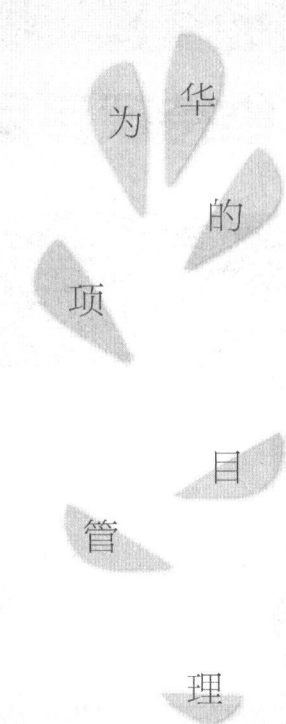

华为的项目管理

第一节 凝聚力

一位华为的老员工就讲述了两件他是如何感受到华为团队凝聚力的小事。第一件事是在他刚刚到华为的时候，参与了公司一项重要业务的筹备工作，部门主管一声令下，大家一起上都特别有精神，经常加班、熬夜，那时虽觉得公司管理有些乱，但处处透露出一股活力。第二件事虽然平常，却让他印象深刻，那时他刚刚脱离教书生涯，华为公司紧张的工作环境虽然让他兴奋，但由于过惯了自由散漫的日子，一时也无法适应，更没有融入集体之中，开口闭口常会说"你们华为……"当时一位打字员小姐反驳说："你不也是华为人吗？为什么老说'你们华为'，而不说'我们华为'？"打字员小姐的话深深地触动了他，突然让他觉得华为公司的凝聚力很强，作为集体的一分子应该有种认同感。

华为企业文化是华为凝聚力的源泉，渗透在华为运作的方方面面，员工工作的点点滴滴使华为成为一个整体起到连接和润滑的作用。

为了使自己的企业具有凝聚力和团队精神，华为于1995年9月，在公司内发起"华为兴亡，我的责任"企业文化大讨论。

在《华为基本法》的定稿过程中，有一个细节，充分地反映出任正非对中国文化精髓领悟之深。关于华为的"凝聚力"源泉。最初的表述是："爱祖国、爱人民是我们凝聚力的源泉。"任正非亲自在后来加上了"爱公司、爱自己的亲人"。他解释说："我这个人的思想是灰色的，我爱祖国、爱人民，但我也爱公司、爱自己的亲人，我对自己子女的爱，总还是胜过对一般员工的爱。这才是实事求是，实事求是才有凝聚力。公司一方面使员工的目标远大化，使员工感知他的奋斗与祖国的前途、民族的前途联系在一起的；另一方面，公司坚决反对空洞的理想。要培养员工从小事开始关心他人，要尊敬父母，帮助弟妹，对亲人负责……实事求是合乎现阶段人们的思想水平。"

他提倡把自己的第一份工资邮寄给父母，同时要求员工过春节给父母洗脚，爱护自己的弟妹，关心希望工程。正是这些点点滴滴的教诲，引导华为高度凝聚，一次次从危机走向新生。"亲情牌"从来都是抓住人心最有效的武器。华为人庆幸跟对了老板。这是华为凝聚力高、战斗力强的一个因素。

任正非相信：如果华为有一天停止了快速增长，就会面临死亡。只要主业还充满活力，我们的团队就有强凝聚力，员工就会拼命而乐此不疲。

独特的股权激励制度给华为带来了很强的凝聚力。2012 年，华为全年利润 154 亿元，华为拿出 125 亿元用于奖金激励，这使得华为的员工凝聚力快速提升。

任正非微不足道的个人持股不但不会影响他的权威性和控制力，相反，员工的主动性、积极性和公司的凝聚力、竞争力会更高。因为任正非权威的建立不是通过控制员工，而是通过激发员工。

第二节 尊 重

心理学家认为：每个人的身上都带着一个"看不见的讯号"！什么讯号呢？就是——"让我感觉自己很重要！"

全世界知名的"玫琳凯化妆品公司"创办人玫琳凯女士，曾说过一个故事。多年前，她开着一辆老旧汽车，到福特汽车的展示中心去，想买一部黑白相间的新轿车。

进了福特展示中心，业务员看她开着破旧的车子，断定她买不起新车，所以就不把她当一回事。当时，刚好是中午，业务员说，他赶着赴午餐约会，就托辞先走了。

由于玫琳凯女士急着购买新车，所以想见业务经理，但经理亦不在，下午一点才会回来。于是玫琳凯只好悻悻地逛到对街的汽车展示中心。

该中心正展示一辆"黄色轿车"，尽管玫琳凯很喜欢，但价钱却远超过她的预算。可是，那业务员的谈吐却十分殷勤、诚恳；在闲聊时，玫琳凯说，想买车是因为当天是她的生日，买部车送给自己当"生日礼物"。

后来，业务员礼貌地说有点事，请求告退一分钟，随即回来。不料，15分钟后"秘书小姐带来一打玫瑰"，而那业务员就把整打玫瑰送给玫琳凯女士，祝贺她"生日快乐"！

"天哪"，玫琳凯说，当时她真的"太讶异、太惊喜、太意外"了！不用说，玫琳凯后来买的是远超过预算的黄色轿车。因为，那聪明的业务员看到玫琳凯女士身上正散发着无形的讯号——"让我感觉自己很重要！"而他所表现的，就是让玫琳凯女士感觉"自己很重要、很受礼遇"！

曾有一位长得很帅的教授说，他太太长得不漂亮，而且年纪还比他大，在别人看来，两人并不般配，但为什么还要娶她呢！

"因为，我太太常常夸我，说我很有能力、脑筋很棒、很会理财、做事做得很好、穿衣服很有品位、对人很友善……"这位教授告诉学生说，"我以前漂亮的女朋友常嫌我，说我不好，只有我太太会称赞我，而我就喜欢这种'被灌迷汤'的感觉！"

人的"自我价值感"，是经由别人的肯定、赞美、鼓励、重视而来，只要"让他感觉自己很重要"，对方也会"投桃报李"，给你"正面的回馈"。

"慈不掌兵"的说法由来已久。古时兵士一般都是"泥腿子"半路出家，在训练这些士兵的时候，必须要采取"踢屁股、抽鞭子"式的措施。而现今更深层次的意义是指，对员工严格要求，在排兵布阵攻山头的过程中决断力强、执行力强，但平时要胸怀宽广，真诚地关心和帮助员工，点燃员工内心的激情和创造力。

华为一些主管对"慈不掌兵"如获至宝，但在实践中却走偏了，理解为必须在表情和动作上要狠，表现出"一唬二凶三骂人"的模样。

根据一项华为内部调查显示，从 2010 年至 2012 年的绩优（A/B+）员工离职率来看，各层级逐年翻倍增长，而 TOP1 的原因就是"得不到信任和尊重，内心的力量和追求得不到激发"，第二个原因是"主管缺乏关心、辅导和认可"。

现在的新生代员工都是大学毕业，有自信，有个性，渴望被尊重。同时，尽管外籍员工的文化环境不一，但基本的职业礼仪规范以及有礼有节的人际交往却是相通的。如果主管再采取这些简单甚至粗暴的"吹胡子瞪眼"做法，只会使员工感到不被尊重，甚至感到人格受到侮辱，从而损害员工的主观能动性和组织的气氛。

人与人之间的尊重是顺畅交流的最基本要求。"尊重"，其实不只是对别人的认可，也是在给自己留余地。任正非曾这样说过："您要尊重您的直接领导，尽管您也有能力，甚至更强，否则将来您的部下也不会尊重您，长江后浪总在推前浪。要有系统、有分析地提出您的建议，您是一个有文化者，草率的提议，对您是不负责任，也浪费了别人的时间。特别是新来者，不要下车伊始，动不动就哇啦哇啦。要深入、透彻地分析，找出一个环节的问题，找到解决的办法，踏踏实实地一点一点地去做，不要哗众取宠。"

第三节 情绪

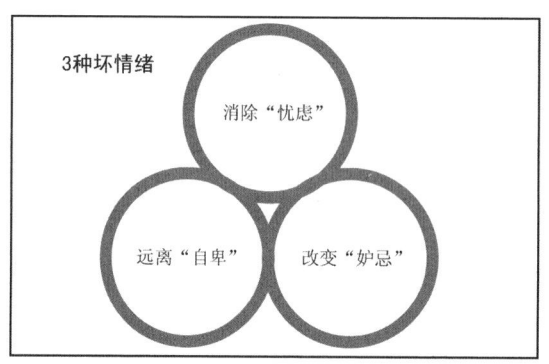

不管自己心情如何、压力多大，都要以最快乐的心态和项目成员相处、面对工作，情绪是相互感染的。

美国心理学家阿尔伯特·艾利斯这样说过："影响我们情绪的，往往不是事情本身，而是我们对事情的态度和看法。"

"一切顽固的忧愁和焦虑，可称为不良情绪，这种情绪强烈、长期存在，足以给疾病大开方便之门。"美国专家的研究表明，因情绪紧张而患病者，占门诊病人的76%。近代国内外研究也证明，情绪在一些躯体疾病中，起着重要作用。而人的疾病状态，反过来也可引起情绪变化，两者互为因果。

如果要选美国史上最伟大的总统，林肯通常会排在前三位。他是一位令人十分敬佩的政治领油，不仅因为他解放黑奴、维系国家免于分裂、内战后让国家和解等丰功伟业，更因为他过人的EQ（情商）。

林肯任内，不但要顶住内战和战争初期战情不利的如山压力，以及政敌无休止的无情攻击和纠缠，还要饱受家事困扰。都说家庭是每个人的避风港，林肯的家庭却只能让他更添惆怅。林肯疼爱孩子，二子和三子却分别在 1850 年及 1862 年早夭，而 1862 年正是内战正酣的时候。此外，林肯太太也是出名的恶妻，情绪不稳定，爱发脾气，甚至有点歇斯底里，常以花钱买东西来舒缓压力，林肯得对她不断忍让。烦恼重重，林肯还能冷静地为国家做出一个又一个冷静、理性的决定，EQ 过人，可想而知。

那么，林肯有什么让自己保持心境平静的智能呢？秘诀之一，就是所谓"hot letters"。什么是"hot letters"？且看以下例子。

有一回，脾气火爆的战争部长埃德温·斯坦顿（Edwin Stanton），怒气冲冲向林肯抱怨一位将军的百般不是，林肯建议他写一封信，把这位将军骂个狗血淋头。

斯坦顿果然立刻写了一封措辞激烈的信，拿来给林肯看。林肯看后说，骂得太好了。斯坦顿听了，便满心欢喜地要把这封信放进信封里，却被林肯拦住，问他打算怎么做？斯坦顿摸不着头脑地回答：当然是把信寄出去。

林肯却说，这封信当然不能寄，应该把它扔进火炉里。凡是生气时写的信，他都是这样处理的。他之所以让斯坦顿写这封信，是要让他发泄一下，消消气，目的达到，信也就不用寄出去了。

林肯是个有血有肉的凡人，也会有愤怒的时候，但他会用"hot letters"发泄情绪，以免负面情绪对其他人和事造成无法弥补的伤害。

他会把满腔怨愤在信中尽情抒发，把对方骂个狗血淋头，写完后，心头舒畅，正如前述，他会把信件扔进火炉，又或者把信件放进抽屉，然后好好睡一觉，到第二天醒来，再读一遍，看看是否真有必要寄出。绝大多数时候，冷静下来，答案都是否定的，信件最终没签署，更没寄出。林肯死后，人们在整理他的遗物时，发现当中有很多类似"hot letters"。

很多人心情不快时，表现为缺少工作热情，做事拖拉懒散；如果心情很好，那么做事的主动性增强，做事也有效率。因而，摸清不佳情绪的来源，使自身保持健康愉悦的心情状态，是一种有效提高时间利用率的不错方式。

李向（化名）是华为的一位研发人员。他回忆起刚进华为3个月时的情形："当时我的工作很不顺利，做事效率低，即使面对极重要的任务，明明很紧张，压力很大，还是不想动。"

李向的部门主管发现了这个问题，对李向说："要消除这种状态，首先要改变心态。如果解决工作问题时，不以自己的情绪为中心，不任由自己情绪所左右，而是以问题为中心来解决问题，你就能站在专业的职业人角度上快速解决问题，减少时间损耗。"

那么，如何避免坏情绪对时间的损耗呢？我们从华为内部工作中常见的3种坏情绪入手加以说明。

1. 消除"忧虑"

忧虑是比较常见的坏情绪之一。员工每天都在紧锣密鼓地工作，难免犯一些错误，例如，管理者交代的任务没有如期完成、项目出现管理错误、算错了财务账等。无论处于什么职位都可能出现或大或小的差错。出现问题后，员工的直接反应就是担心失误会给公司造成损失、担心管理者的责怪、担心失去管理者的信任……而这种类似的担心越来越多，越想越偏激，甚至失眠、烦躁不安。其实，忧虑没有任何用处，它只能让人在工作中越来越被动，积极地化解问题才是最好的方法。

华为的副董事长纪平刚进入公司时，在工作结束前发现自己当天上交的报表存在一处失误。由于纪平仍处于试用期，因此他很担心自己因为这次工作失误被辞退。不过，他很快平静下来。他说："当时，我想了一下这些失误能造成的最坏结果，然后说服自己去坦然接受，当我从心理上接受之后，我发现我已经轻松了很多。随后，我马上采取了积极的措施，争取最大限度地挽回损失。"事实证明，他的做法是正确的。他非但没有被辞退，还因及时弥补了失误，重新获得了管理者的认可。

2. 改变"妒忌"

妒忌是一种常见的坏情绪：看到同事升职加薪会"妒忌"，看到管理者对某某青睐有加还会"妒忌"……

其实妒忌不是坏事，关键在于如何把握"妒忌"的度。如果员工看到任何事都毫无妒忌之心，那么也就不会保持上进心。产生"妒忌"是行为的前提，说明员工意识到了自身的不足。如果能从这点认识中学习到他人的优点，久而久之，自身的不足也会在虚心学习的过程中被逐步改掉，甚至嫉妒者摇身一变而成为被嫉妒者。

3. 远离"自卑"

在强者如云的华为内部，心理承受能力稍差的员工都可能滋生自卑情绪。虽然他们不会推辞管理者委派的任务，但是个别员工却可能因无法承担任务带来的压力，而认为自己无法完成管理者预期的目标，最终选择消极的处理方式。

自卑的形成正是源自人与人之间的对比和对管理者期望的误读。针对员工的自卑情绪，华为的管理者采取了一些积极的措施：开展交流会，与管理者、负责人随时沟通等，随时将员工心里悄然滋生的自卑灭杀。

其实，产生坏情绪不可怕，关键是避免这些不良情绪的产生，不因坏情绪的侵扰而损耗我们的时间。

第四节 氛 围

良好的组织氛围需要保障沟通的自由。前通用电气 CEO 杰克·韦尔奇为了保障沟通的自由，更是提出了"无边界理念"，他要求公司将各个职能部门之间的障碍全部清除，工程、生产、营销及其他部门之间的信息能够自由流通，完全透明。这种"无边界理念"为通用电气的员工提供了随时沟通的平台。

在华为，为了能够实现部门之间的无缝对接，盛行一种"吃文化"。总部派人到办事处做支持，首先就要过吃饭这一关，找一个咖啡厅或者干净的小饭馆，边吃边谈。华为"吃文化"的精髓就在于边吃边谈中，可以进行畅通无阻的沟通、交流。在交流过程中，还可以顺便把工作的目的、对策穿插进去，为日后的工作配合达成默契，实现完美对接。

关于吃饭问题，任正非有特别指示，任总在讲话中说："有些主管，就是不愿意自己花钱请下属吃饭，这是不对的。"其意不言自明：管理者一定要自己掏腰包多多请下属吃饭。因此，请客吃饭是活跃项目组气氛和缓解华为紧张工作氛围的一种非常重要的方法。

华为的"吃"文化在内部许多部门十分流行，甚至已经成了工作的一种延续和补充。员工之间要么实行人人制，要么轮流坐庄，今天你请一顿，明天他请一顿，给了内部员工一个经常性沟通交流的平台，整个团队的气氛也被调动起来。避免了员工们每天伏案埋首，默默无闻地推动各自项目的进展，甚至每个人在工作中不考虑结果地各自发挥的情况发生。

在华为，干部也是"吃文化"的倡导者。只要干部晋升，就应该感谢下属，然后请下属吃饭。不仅自己"吃"出了个中深味，还能不断进行总结和推广，影响下属也用心去"吃"。员工们也能心领神会，结果自然是大获裨益。

对于华为的"吃文化"，任正非曾多次在不同场合表示支持，甚至提出要继续发扬光大。任正非说："你感觉自己进步了，就自己请自己来一顿；你要当好领导吗，那么，多请部下吃几盘炒粉吧，在轻松自由的氛围里，很轻易就做到了上下沟通，协同工作，部门的效率也就提高了；你想做大秘书，也要多请客，你的工作经过沟通开放了，大家帮助你，互相又了解，你就能成为'大秘'，搞管理的，更要这样经常在一起碰。"

如今，各类组织日益全球化、员工队伍也日益多样化，实施开放的沟通已经成为企业最重要的管理技能之一。因此，像华为这样以信息化为主的通信企业，强化沟通才能实现无缝对接，减少无用功。

组织氛围是一种看不到、摸不着的东西，是在员工之间的不断交流和互动中逐渐形成的。如今网络资讯和娱乐活动丰富，团队成员的结构也发生很大变化（70后、80后开始承担家庭责任，关注点转移，而90后喜欢更多个人的空间），过去盛行的每周打球喝茶沟通牌或是出游聚餐等团队活动参与率越来越低，且是隔靴搔痒。团队成员在工作中遇到问题和困难、与周边产生的摩擦、技术上的瓶颈与困惑，才是焦虑、不满和压力积累的主要来源。

CaaS集成开发部的知识社区，承载CaaS、RCS、UC、IoT相关领域的技术交流和资料库，是华为某部门员工讨论软件工程和软件质量的平台，被称为"塑造工程师文化氛围的助推器"，有效促进跨组织、跨业务的知识分享和沟通交流。

一开始大家因为分歧导致不满情绪积压，因交流不畅而引发冲突，甚至造成关系裂痕，为后续配合埋下地雷。这时，知识社区成为一个渠道和平台，主管鼓励大家把工作中"不爽"的地方全都释放出来，把团队所遇到的问题真实地暴露出来，让各方都能充分表达自己的意见；同时线上的错时交流，也能给大家一个情绪的缓冲，令当事人能更为理性地陈述问题，避免面对面的剑拔弩张；更重要的是，得到相关专家的引导，聚焦在真正重要的问题上，探讨解决方案的过程中加深对产品和技术的认识。最终成功地将一场少数成员之间的危机转变为整个团队提升产品质量和人员能力的时机。

又如，某位新员工合入代码时"挖坑"，犯了一个低级错误，导致 CI 构建 Linux 平台出现告警，感到自己"犯了很多错误"，于是在知识社区上发帖总结教训并对团队表示歉疚。LM 第一时间回帖鼓励安慰他"能够把自己的错误晒出来，非常值得肯定"，极大地减轻了小伙子的心理负担和压抑情绪。此外，他还强调"我们是一个团队，只有大家互相提醒，我们才是站在巨人肩膀上"，润物无声地营造出相互支持的组织氛围。后来，大家一起进一步深入讨论如何利用技术手段，最后找到一些具体措施，例如"试着在脚本里面增加控制开关，利用工具检查告警"，切实有效地避免重复犯错。

知识社区是由心出发，改变员工交流和互动的方式，团队主管如果善于利用这个平台，就能营造一个开放、信任、互助的学习型组织氛围，并提升个人和组织能力，从而激发工作热情，产生合力，达成组织目标。

第五节 协调冲突

有一个禅宗故事，讲的是一个人发现地毯上有一处扰人心烦的凸起，她尝试梳理地毯的纹路，但每每凸起都在梳过之后再度出现。

极度沮丧中，她将地毯掀了起来，令人惊讶的是，地毯下滑出了一条愤怒的蛇。放在组织的语境中来解读这个故事，就能看出这其中包含了隐喻：在处理干扰性因素时（比如冲突），我们仅仅只是与其表象打交道。尽管我们尝试消除或掩饰问题，但这条隐藏在地毯下的蛇（冲突的主要原因）仍不可避免地持续制造危害。除非我们将蛇揪出来并对其进行处理，否则它将挫败我们在提高项目团队效率方面的诸多努力！

团队协作由人组成，有人的地方就有争执。值得说明的是，冲突不全是坏事，它能暴露组织中存在的问题，促进问题的公开讨论，增强企业活力，刺激良性竞争。从某种意义上讲，冲突是企业创新的重要源泉．在大多数情况下，一起工作的人都足够成熟，会控制自己，他们试图在一起和平工作，并且一般来说会努力、愉快、高效地完成项目。在两个或更多的成员对同一个主题极为感兴趣的情况下，最容易出现争执。例如项目的两个开发人员都坚持用不同的方法开发应用软件，因而争论不休。一般说来，两方都是好员工，只是都强烈地主张采用各自的工作方法。

当然，世界上总有一部分顽固悲观的人存在。这些人无法和别人很好地共事，有时还会有一些反面作用。他们不在乎别人的感受，相当一部分时间他们也不在乎项目的成败。所以项目管理人员必须学会应付这些纷争，总是制造麻烦的人以及那些对项目有害的人，得找出解决矛盾的方法，从而使项目继续进行。

一般有 5 种不同的解决方法：

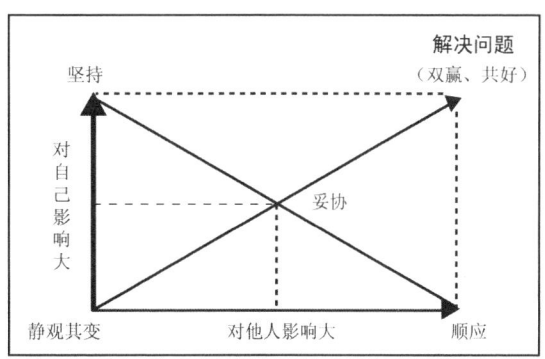

1. 解决问题（协作）

通过寻求对各方均有利的解决方案来解决冲突。这一个双赢的方法，当大家有时间坐在一起研究讨论以便解决问题的时候可用这种方法。使大家建立更好的关系和信任。面对面的沟通形式如果利用得好，可以促进相互理解。

2. 强制（坚持）解决

通过牺牲对方需求以满足自己的需求或利用团队赋予的权力有效地处理来解决冲突。这个方法可以在风险比较高，时间紧，或者团队关系不是很重要时采用。

3. 妥协折中

通过所有各方均做出一些利益让步来解决冲突。由于双方都让步，这个方法也可以说是双输的方法。

4. 缓和减轻

通过最小化问题来解决冲突。是一种临时的解决方法，但是可以保持团队的稳定关系避免争吵。这个方法也可以说是双输的方法。

5. 回避

这个方法最差，因为意见分歧的某一方常常是憎恨的态度。可能选择一种消极的处理办法，如无视冲突的存在，希望双方自己通过减少群体间的相互接触次数来消除分歧。

不指责，不辩解，多找自己的原因。建议大家与周边同事配合时，能够做到不争辩、不抱怨、多体谅、多沟通、多协作。即使被别人误解，也要想想为什么会被误解？哪些地方还可以改进？这体现的其实就是自我批判的价值观。

尤其要注意：不要乱发邮件，有问题当面沟通。发个邮件，把球踢给了对方，表面看来责任转移了，实际上不利于问题的解决，还加剧冲突。找别人的原因，总是指出别人的问题，短时间看自己仿佛赢了，但实际上是输了。

压力再大，也要尽量营造和谐宽松的工作环境。

在通用电气，韦尔奇经常参与员工面对面沟通，与员工进行辩论，通过真诚的沟通直接诱发同员工的良性冲突，从而不断发现问题，改进管理，从而使通用电气成为市场价值最高的企业，也使他成为最有号召力的企业家。美国著名组织行为学家罗宾斯认为："冲突是一个过程，这种过程始于一方感觉到另一方对自己关心的事情产生消极影响或将要产生消极影响。"管理决策学派的代表人物西蒙把冲突定义为："组织的标准决策机制遭到破坏，导致个人和团体陷入难于选择的困难。"曾任国际冲突管理课程协会主席的乔斯沃德教授认为："冲突是指个体或组织由于互不相容的目标认知或情感而引起的相互作用的一种紧张状态"，他认为一个人的行为给他人造成了阻碍和干扰就会产生冲突，冲突和暴力、争吵是两码事。冲突的传统观点认为，冲突都是不良的、消极的，它常常作为暴乱、破坏、非理性的同义词。因此，应该避免冲突。人际关系观点认为，冲突是与生俱来的，是无法避免的，应接纳冲突，使它的存在合理化。冲突不可能被彻底消除，有时它还会对群体的工作绩效有益。相互作用观点认为，应鼓励冲突，并将其维持在较低水平，这能够使群体保持旺盛的生命力。

第六节 新同事关系

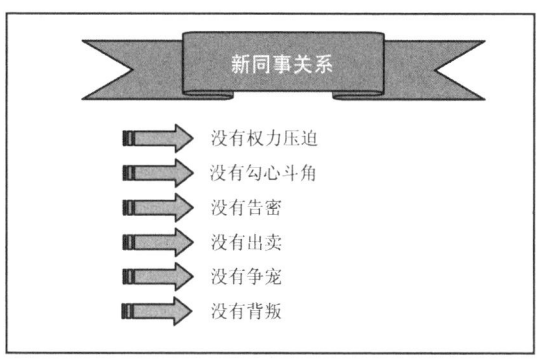

在过去的年代中，华为更多注重资金在生产力诸要素中的作用，但现在，人成了产业要素中的最重要成分。人的流动、组合、裂变导致了资金、技术、项目的不同组合和裂变。

在这个变化的速度与频率都日益加快的时代，华为始终大力倡导集体奋斗的精神，这种集体奋斗的精神在华为被称之为"新同事关系"，这种独具魅力的组合方式为华为的团队管理注入了一股新鲜的血液。

华为之所以用新同事关系来取代集体奋斗，主要是因为传统的同事关系是以权力和权力支配的秩序为主要特征，这种状况类似于宫廷太监所处的环境——每天被权力压迫的人很容易就把权力当成了事业目标，反而忽视了事业本身，上下级之间很难齐心协力共同奋斗。而"新同事关系"却是建立在一种共同兴趣和特长上的组合。员工们能够聚集到华为这个大家庭中是由于事业目标一致，利益一致，压迫主要是来自公司外部的市场，市场优胜劣汰的法则把公司命运与员工命运紧紧捆到了一起。

在华为，几乎每个人都能明显地感觉到与同事共处的时间要远远多于与家人和亲友共处的时间，华为的领导层适时地抓住这个契点，从新员工一入职的时候就向其灌输这样一种思想：当我们有条件去选择自己的工作环境时，我们可以像兄弟姐妹共同操持一份家业一样操持我们的事业，我们之间没有权力压迫，没有钩心斗角，没有告密，没有出卖，没有争宠，没有背叛。我们用各自的肩膀互相支撑，我们亲人般地互相关怀，我们有共同的兴趣，共同的目标，我们愿意在工作之余互相倾诉又互相倾听……

就是在这样一种氛围下，"华为"人像"硅谷"人一样工作起来不要命，时常深夜加班，吃盒饭，在办公室桌子底下打地铺。但节假日他们又常常三五成群地乐乐呵呵地结伴出游，没有目的，不要行装。

许多其他企业的员工都羡慕华为的同事关系，殊不知友好、自由、敬业，这份轻松自在的同事文化环境是众多华为人在无数次的集体奋斗中一点一滴积累起来的。

任正非有一个著名论断：当今世界的科技进步已走过了爱迪生时代，不可能依靠一个人的聪明才智改变整个世界。所以除了在公司实行全员持股制度外，公司始终致力于营造集体奋斗的企业文化，没有责任心，不善于合作，不能群体奋斗的人，等于丧失了在华为进步的机会。

华为是个只认同贡献不认同资历的企业，在华为发展史上，曾有过 19 岁的少年班毕业生因贡献突出被提为副总工程师的纪录。

实际上，在华为这样的企业，大多数人淡泊于职务高低，他们常常沉浸在团队奋斗的热情中，以及共同创造出成果的喜悦中。

华为公司营造了一种让人耳目一新的同事关系的氛围，没有钩心斗角，没有争宠卖乖，全员持股制度更是将全体员工纳入了一份共同事业之中。在这个团队中，每个人的创造力和责任心都得到了充分的调动，从而保证了企业在强于如林的市场上始终保持了旺盛的竞争力。

第七节 互助精神 》》》》》

有这样一个故事，有人和上帝谈论天堂和地狱的问题。上帝把他带入两个不同的房间，每间屋里都有一大锅肉汤，但每个人看起来都营养不良，绝望又饥饿。他们每个人都有一只可以够得到锅子的汤匙，但汤匙的柄比他们的手臂还要长，自己没法把汤送进嘴里。而另一个房间里的一切和上一个房间没有什么不同，一锅汤，一群人，一样的长柄汤匙，但大家都在快乐地唱歌。原因很简单，在这儿他们会喂别人。

著名经济学家厉以宁教授讲过一个不同以往版本的龟兔赛跑的故事。他说，我们北大光华管理学院讲的龟兔赛跑的故事是这样的：龟兔赛跑有四个回合，第一个回合，乌龟虽然在竞争中处于劣势，但坚持了下来，等待对方犯错误。结果兔子睡大觉，乌龟赢了。第二回合，兔子接受教训，不再睡大觉，把潜在的可能变成了现实，兔子赢了。第三回合，乌龟调整了策略，改变了比赛路线，在新的比赛路线上邻近终点处有一个水池。比赛中兔子虽然跑得快，但过不了水池。乌龟虽然跑得慢，但顺利地游过了水池，乌龟赢了。第四回合，乌龟与兔子结成战略伙伴关系，互助互信，在陆地上兔子背着乌龟跑；在水里，乌龟驮着兔子游，结果乌龟与兔子一起快速抵达终点，达到了双赢。

狼虽然通常独自活动，但你不会发现有哪只狼在同伴受伤时独自逃走。它们好像比我们更清楚，既然造物主把它们的命运连在一起，它们就应该互相帮助、同进同退。

然而，我们人类在很多时候，在互助合作、共同发展方面的表现并不怎么样。我们没有认识到，单独的一只狼或许可以生存，但单独的一个人却一定无法生存，因为我们比狼群更需要互助、和谐和共同发展。

任何一个项目的成功，都离不开团结互助。因为任何一个人在帮助别人的过程中，不仅能提高自己的荣誉感，还能充分体现出个人的价值，使团队在共同的进步中得以发展。

互助是一个项目中，团队精神的具体体现，而互助更多的是要求你主动帮助别人。你主动帮助了别人，哪天你需要别人帮助的时候就可以主动向别人寻求帮助了，这是一个相互的过程。

华为自然清楚互助精神在企业的发展过程中有多么重要，但是它并没有像现在国内许多企业一样虽然言必称企业文化，但实际根本不知文化为何物。华为把整个企业文化写到了公司的基本法中，并且实实在在地履行着文化对管理的辅佐效应。

说到华为的互助，其实源自《左传·襄公十一年》：如乐之和，无所不谐。就是提倡企业管理者与员工之间，员工与员工之间要协调默契，上下一心，相互尊重，宽容和理解，要坦诚相待，互相帮助，文明礼貌，亲密团结。华为的互助不是单纯的一个人遇到困难，另一个人来帮忙这么简单，而是几乎涵盖了企业和员工的方方面面，是在你没有遇到困难或可能要遇到困难的时候，都会有人通过各种形式向你伸出援手。

有一次，杭州某地市局副局长带领 4 个人到深圳基地参观，华为迅速从不同部门抽调人员，组建了 20 人的团队直接提供全程服务。首先，杭州办事处的秘书填写了客户接待的电子流，由办事处会计申请了出差备用金；然后，深圳的客户工程部接待人员打电话到杭州办事处核实和修改电子流中的行程安排，安排专门的司机和接待人员到机场接机、安排住宿；这时，系统部职员会及时打电话和销售人员确认高层接待事宜，并且负责安排高层领导接待；接下来，公司某总监在酒店设接风宴招待参观人员，同时，公司总台会打出电子屏幕：欢迎某某局长一行；饭后，由公司另一总监在公司会议室向客户系统介绍华为的产品战略；紧接着，带领客户到公司产品展示厅由不同的展厅人员分别讲解移动产品、传输产品、宽带产品；然后，由生产部人员带领客户参观生产部；之后，回到会议室，由各职能部门总监介绍华为的企业文化、财务管理、产品研发、公司前景，等等；最后，由公司副总裁设送行宴，由客户工程部到机场送行。

华为的考核表中几乎所有职位都有一个共同的考核要素：和同事的合作。这一项在 100 分的考核中占 10 分。这项考核的主要评分标准就是看在两次考核之间是否有华为的其他员工投诉过你。但是，大可不必因为这个而处处唯唯诺诺，巴结讨好同事。因为经过华为文化熏陶出来的华为人已经接受了以公司为重的理念，大多对事不对人，即使你是总监，有些事情处理不得当，也免不了会有人投诉你，投诉你的人可能就是个普通的工作人员。在华为，投诉别人的人很多，被投诉的人也不会怀恨在心。最关键的是，只要在华为工作超过两年的员工，几乎都有类似投诉和被投诉的经历，华为规定，一旦你被别人投诉，不管是不是事实，不要争辩，先自我检讨，然后和投诉你的人做一个交流。通过别人的帮助，被投诉人不仅能改进自己在工作中的不足，而且很多情况下，被投诉者和投诉人在沟通的过程中建立了深厚的友谊。

在华为，人力资源部是"人力资源委员会"的秘书机构，这除了对它权力的界定外，还有一个用意就是"服务"。但凡比较重要的制度，人力资源部首先想到的是如何让员工更好地理解，他们通常情况下会仔细研读，揣摩出其中的精髓，然后由相关人员通过电视会议或者亲自到各地给华为的员工宣传和讲解；但凡稍微复杂一点的表格，人力资源部都会和相关部门进行沟通协调，为你设计好一个模板让你参考；会议还没开始时，投影仪的光已经打到墙上，主持人已经把电脑和话筒调试到了最佳状态。

在华为，一个给客户的技术讲座或一个时间紧急的报价，行政人员齐上阵，一夜不眠做出大量精美的资料。仅就市场资料而言，华为就会领先对手一步。

华为的员工可能都有过这样的经历，在出差前只要给当地的华为办事处打一个电话，告诉秘书你所属的办事处和需要预订的房间数，那边的工作人员马上就会和当地华为的签约酒店取得联系，办好一切入住手续后，会在第一时间给你回电话，向你通报预订的相关信息。如果顺利，这个程序在 10 分钟内就会完成，而且整个过程中，对方决不会过分追问你的底细。

此外，各个驻外机构都会有一本由华为总部统一编印发行的"行政指南"。在那本精心准备、定期刷新的好几十页的小册子中，你会一目了然地看到全省各地的华为签约酒店、景点指南、酒吧、咖啡厅，还有各类躲在旮旯胡同里的火锅店、鸭头店、烧烤店。这项举措大大方便了华为在全国各地的员工。因此华为在北京、上海、杭州等旅游城市的驻外机构，几乎成了全国、全世界华为人、华为客户的"旅游服务中心"。

　　在华为，领导们的客户服务和团队意识十分强烈，也非常宽泛。他们可以在恶劣的天气里一站几个小时迎接客户，也可以自己开车去取要帮同事送的东西，主动给下属倒水。华为的文化告诉他们，下属是内部的客户，内部客户和外部客户都是上帝。

　　正是华为这种团结合作的强大文化，有效地弥合了一部分因华为组织庞杂、流程不畅所产生的"内部公关文化"。所以，在这种人与人之间和谐相处、制度化保障的团结互助的氛围中，华为取得了比别的公司更高、更快的成就。

圆满完成：
项目收尾与经验总结

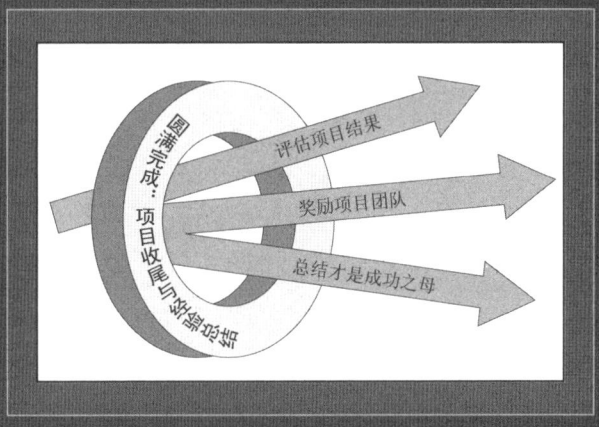

HUAWEI

华

为

的

项

目

管

理

第一节 评估项目结果

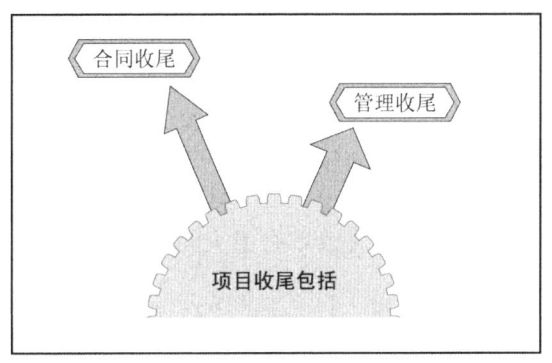

相信谁都经历过在项目"接近"结束的时候陷入困境的情况，客户不断地提出新要求；以为已经干完了"该干的事情"，结果拿起合同一看，客户要一项一项地对合同的话，根本就不可能验收。像我国众多 IT 公司一样，合同收尾是最容易产生问题的时候。如管理学上经常提到的 80-80 理论，花了计划的 80% 的时间以为完成了项目 80% 的工作，结果剩余的 20% 的工作又要花 80% 的计划时间来完成。这样的原因是什么呢？是否不能避免？

项目收尾包括管理收尾和合同收尾两部分。

管理收尾

管理收尾涉及为了使项目干系人对项目产品的验收正式化而进

行的项目成果验证和归档，具体包括收集项目记录、确保产品满足商业需求，并将项目信息归档，还包括项目审计。项目验收要核查项目计划规定范围内的各项工作或活动是否已经全部完成，可交付成果是否令人满意，并将核查结果记录在验收文件中。如果项目没有全部完成而提前结束，则应查明有哪些工作已经完成，完成到了什么程度，哪些工作没有完成并将核查结果记录在案，形成文件。

项目审计是正式评审项目进展和成果的一个好方法。项目审计的目的，是明确完成的项目实现了哪些收益，实际成果和计划中的预计成果比有哪些差异。

管理收尾对降低项目失败率有重大的意义。为什么会失败？有什么地方可以改进？获得了什么经验？一系列的问题应进行分析，这些是可迭代复用的资源，总结得越多，资源就越丰富，能形成适合企业自身的成熟的管理模式，造就管理上的本地化和渐近式复用，降低项目管理风险和管理成本。

合同收尾

合同收尾就是了结合同并结清账目，包括解决所有尚未了结的事项。合同收尾需要对整个采购过程进行系统地审查，找出进行本项目其他产品或本组织内其他项目采购时值得借鉴的成功和失败之处。

合同收尾往往是项目经理们最为头痛的事情。理想的情况下，既要使客户和用户对产品满意，又要使公司顺利地收到项目资金，造就一个"双赢"的局面。项目先天就有很多不确定因素，比如说，进行采购的市场人员并不清楚项目的具体实现细节和难度，用户需求不明确、不断变更等等。诸多因素都要在合同收尾最终解决。

第二节 奖励项目团队

项目的发展靠员工，而员工工作绩效的大小，在很大程度上取决于项目的激励机制是否健全、激励手段是否有效。科学有效的激励，对于调动员工积极性、挖掘员工潜能、提高员工素质等方面具有突出的作用。

2013年12月5日，项目组发出首次挑战成功喜报，帮助客户网络上了一个台阶，实现了由死到生的涅槃。

2014年12月3日，项目组发出再次挑战成功喜报，帮助客户网络达到了最高等级，实现了从绝望到希望的重生。

连续两年挑战成功，深受项目组拼搏精神感动的管理团队都做出了同样的决定：所有项目奖励全部给真正攻山头的将士，最高级别奖励全部给最关键的专家。

而且，基于项目化经营理念，项目组也给在最困难的日子里不离不弃、并肩作战的保障与支持团队颁奖，共享项目成果。

同时，喜报通报是感谢那些作战的将士们，感谢他们每一次朴素的付出，而正是靠着这一点一滴的努力，项目才能从一个一个问题解决来增加一点一滴生机，从而实现最后的涅槃。

是的，所有奋斗的目的，其实就是为了能让他们站在成功的领奖台上。因为只有他们成功了，公司才能实现真正的成功。

在华为，13-14级员工以项目激励和年终奖金为主。项目维度的激励，涉及整个公司各个部门，包括项目奖金的测算、项目四算、项目经理责权对等、资源中心的管理等，都影响到项目奖的实施。从这个角度讲，及时激励和项目奖就没有太多区别了。华为项目激励按季度收入完成情况、成本节约、盈利改善情况等奖励项目组，奖金由项目经理分配。

阿里巴巴集团董事长马云定义了他认为的"奖"和"励"的概念不同。"阿里信奉给结果付钱（奖），给努力鼓掌（励）。"所以他认为，奖金不是福利，不可能人人都有，也绝不可能大家都一样。马云说："奖金是靠努力挣出来的，是需要超越公司对你的期待才能获得。我们鼓励创新尝试，我们欣赏有价值的失败，但我们奖励坚持拿到结果的努力。"

一家企业制定了一个规定，如果该企业的员工加班到晚上7点可以获得10元钱的晚餐补助，如果加班到8点可以打出租车回家（平常5点下班）。该奖励制度执行了一段时间之后，公司管理者竟然发现，有很多员工在正常下班前或者很早就已经完成了工作，但是他们居然不正常下班而是留下来继续加班，有的待到7点，有的待到8点以后。一个管理者亲眼看见一个员工在下午4点前就完成了文档整理，然后一直在那里上网聊天到晚上8点。

你也许会认为这些员工钻公司的空子有些不太好，但是这不能完全怪他们，因为早早地完成工作不见得会得到公司的奖励，相反有意把工作拖到晚上 8 点之后就可以拿到打车费，并且能免费获得一顿饭钱，多划算呀！

管理者一定要牢记住这句话，"受到奖励的事情人们都喜欢去做"。为此管理者应该仔细检测奖励制度，哪些是积极的，哪些可能带来消极的影响，修改掉那些不合理的部分，通过奖励正确的行为来获得自己想要的结果。

美国管理专家拉伯福认为，企业在奖励员工方面最常犯的十个错误：

1.需要好的结果，却奖励了那些看上去最忙碌、工作时间最长的人。

2.要求工作的质量，却设下了不合理的完成工期。

3.希望从根本上解决问题，却奖励那些治标不治本的人。

4.要求员工对公司忠诚，却支付高薪给新来的员工或威胁要离职的员工。

5.要求事情简单化，却奖励制造琐碎和使事情复杂化的人。

6.想要创造和谐的工作环境，却奖励那些光说不做并且经常抱怨的人。

7.要求员工有创意，却指责那些公司里特立独行的人。

8.要求节俭，却奖励那些浪费资源的人。

9.要求员工有团队精神，却牺牲团队利益奖励那些投机取巧的人。

10. 要求创新，却奖励保守的人，责罚未能完成的创意。

华为不仅有正向激励，还有一种负向激励。

2010 年 7 月 3 日，深圳市民中心，华为网络产品线质量大会在这里举行。会上有一句话被强调："随着公司平台化战略的实施以及业务高速增长，每年的出货量越来越大，归一化程度越来越高，我们大规模召回的风险也在与日俱增。华为如果不能战战兢兢、如履薄冰、如临深渊，以自我批判的精神，正视我们自身的问题，持续改进产品质量，真正把质量优先做扎实，把客户满意放在心里，我们就有可能倒在高速发展的路上。"

会上，"负向激励"作为一个重要环节，引起了全场数千网络产品线员工的共鸣。网络产品线相关团队和个人陆续上台，从网络产品线总裁查钧手中接过一个个"奖励"："埋雷奖""最差 CBB 奖""架构紧耦合奖"……这些都是前几年因为研发人员的幼稚而给客户和公司造成的损失。今天，他们将这些"奖励"领回去，作为人生永久的纪念。

第三节 总结才是成功之母 ▶▶▶▶

"失败不是成功之母，总结才是成功之母"，每个项目的收尾都在为下一个项目的成功做准备。

华为内部管理上不仅注重过程管理及执行态度，同时还强调学会事后回顾。管理，又称行动后反思，是指通过对终结项目的学习，发现不足和优点，进而在接下来的项目管理中，获得改善。在早些时候，事后回顾只是美国陆军在一项任务完成后的检视方法。美国陆军通常在项目或行动完成后开展专业性讨论会，会议的参与者可以发现和了解发生了什么、为何发生、什么进行得很好、什么还需要改进，及如何维持优点并改掉缺点。

美国陆军的"事后回顾"法通常会讨论 4 个问题：

"我们打算做什么？"

"实际发生了什么情况？"

"为什么会发生这些情况？"

"下次我们将怎么做？"

最后，根据美军的经验，大约 25% 的时间是用于讨论前两个问题，25% 的时间用于第三个问题，高达 50% 的时间则是讨论"下次我们将怎么做讨论"。通过这种事后回顾的方式可以从这些经历中得到教训，并且能够马上应用到下一次任务，为下次遇到同样的问题提供经验，避免了在同一个地方跌倒的现象。

事后回顾在大型跨国公司获得了成功，成为企业知识管理实践中运用最广泛的工具。归根究底，是因为事后回顾能够让团队从过去的成功和失败中得到经验教训，以改进未来的表现。此外，事后回顾能够为团队提供反思一个项目、活动、事件或任务的机会，而且在项目或活动的生命周期中获取相关的隐性知识，将之显性化以后，就避免了知识因为项目团队解散而流失。

华为员工的工作效率之所以比一般企业员工高，就在于他们重视每一次失败的经历，哪怕是别人犯下的错误。华为员工认为，自己的失败并不可耻，别人的失败也不值得去嘲笑，只有那些看到失败后再次犯错的人才是最值得嘲笑的人。

因此，善用失败法是华为员工的常用方法之一，他们会从大量失败的例子中学到很多宝贵的经验。作为华为的总裁，任正非极力推崇从别人的失败中总结经验教训，以避免自己犯相同的错误。任正非说没有比较，就很难认清自己，也就会不思进取。对企业来说是这样，对个人来说也是如此。

2003 年圣诞前夜，华为高价中标拿下阿联酋电信和中国香港一家公司的 3G 商用网络，实现了 WCDMA（宽带码分多址）零的突破，可当市场需要真刀真枪地交付商用局时，却没有一套系统的资料能够用来指导 UMTS（通用移动通信系统）网规网优交付。于是，在 2004 年初，项目团队一边交付香港那家公司的项目，一边把交付流程和遇到的问题总结整理成指导书，并在项目上进行验证和优化，形成了 UMTS 第一版网规网优指导书，为后续的批量交付打下了初步基础。

总结已经成为华为项目团队的习惯。进入项目后，最重要的工作就是去主动寻找能够降低出错概率的流程、方法和工具，将其纳入技术方案，并以技术方案为载体不断总结经验，形成问题处理的标准动作。这样大大提升了整个团队的交付效率。一个人的经验总结只有转化为团队和组织的资产，才能真正被复制和传承下去。

任正非这样说道："知识是平面的，它对事物的理解重在共性，你想想万千事物归纳出的知识，它的实用性有多少。而工作常常是个性的，因此，从学习案例入手，是知识能力比较强的人的一种认识客观规律的方法，会使您进步较快。我们要善于总结，每一次总结，就是您的综合知识结了一次晶。就像渔网一样，每次总结都是做了渔网的一个结，一丝一丝的知识，就由一个一个结结成了网。谁的结多，谁的网就大；谁的网大，抓的'鱼'就多。不光是成功要总结，失败也要总结。世界上只有那些善于自我批判的公司才能存活下来。因此，英特尔葛洛夫的'只有偏执狂才能生存'的观点，还应该加上一句话，要善于自我批判，懂得灰色，才能生存。

"我司在阿联酋 3G 工程首期做得不错，一批年轻人作了总结，这就是一本很好的案例，可以起到抛砖引玉般的作用。只要他们善于坚持在工程服务中持续又认真负责地不断总结，总有一天会真正成为掌握了工程规律的自由的人。同时这本总结，也可以作为员工互相交流的教材，相信会有更多的员工做得比他们好。

"世界上许多著名的大学，推行案例教学，在广泛开展的讨论中，互相提高，是值得我们借鉴的。"

"试错"的经验是最宝贵的项目知识资产，需要总结提炼。项目实践的关键窍门，就是从前面项目团队的"遗产"中收集失败的经验教训，只要自己绕过他们的坑，那么也就成功一半了。

华为目前已经有相当好的知识库和分享平台，但是纵观华为三四千篇项目案例，绝大多数都还是"渡尽劫波兄弟在"的成功经验总结，可能潜意识上，大家都愿意分享自己的成功经历，把"打落牙齿和血吞"的悲催事迹埋在心底了。从知识管理建设和组织能力发育角度，这不见得是好事。

任正非希望不管是经受失败还是取得成绩，华为人都应该以平常心去看待。在荣誉与失败面前，平静得像湖水，这就是华为人应具有的心胸与内涵。

"观看一场你在比赛中把对手打得一败涂地的影片，不会让你学到多少东西。"宝洁前首席执行官雷富礼说，"你或许很开心，但不会学到任何东西。只有观看你在比赛中被打得惨败，或在比赛中自以为会赢，结果却失败的影片，你才会真正学到很多东西。在宝洁公司，我们真正深入了解的是自己做得不好的事情。开会时，讨论重点是描述自己怎么会搞砸，在哪个方面搞砸了以及为什么会搞砸，自己从中学到了什么，下次准备做出什么改变。当人们刚加入公司时，这样做让他们觉得不舒服，因为人的天性是希望谈论哪些事情做得好，但我们仍要坚持下去。"

任正非认为，华为人最重要的学习技能是总结能力，这包括对成功经验的总结，也包括对失败教训的总结。华为人一定要学会在失败中总结，总结失败的原因，总结别人的优势和自己的差距，重新改进自己的不足后，再次向强敌们发起冲锋。

任正非在一次高层会议上提问："我的水平为什么比你们高？"大家回答：不知道。任正非说："因为我从每一件事情（成功或失败）中，都能比你们多体悟一点点东西，事情做多了，水平自然就提高了。"

2009 年以前，坊间流传着一个比喻："一次单板升级引发的血案。"

开始做产品的时候，产品线取得了骄人的成绩，不少全球销量第一的产品以其良好的品质和服务赢得了客户的肯定。当时的架构设计简洁稳定，得到了客户的好评。但研发人员总还想着如何才能为客户创造更大的价值？于是，大家开始内部降成本、提性能。

随着 IT 的发展，之前卖出产品的一些老单板存在着一些问题，需要升级。可就当项目组兴致勃勃地拿着成本更低、性能更好的单板开始"升级大业"的时候，可怕的事情发生了——由于架构设计没有看到长期发展，单板、硬件、软件结合过于紧密，单板升级只考虑到自身的变化，忽视了对网管、主机、跨产品等全局的影响，造成了每一次"单器件升级"都演变成了"牵一发而动全身"的浩大运动。最后导致每次升级一线如临大敌，行销抱怨纷纷，甚至有客户直接下了禁令："禁止再次升级。就算老单板再土再慢，我们也不升级了！"

这场本着"降成本，为客户省钱"出发的升级活动，变成了"老单板停不掉，新单板上不去"的尴尬场面，不仅降低了客户满意度，还大大增加了物料成本和维护成本。反思中，项目组成立了 E2E 特性解决方案设计组，在所有主力产品架构设计中落实软硬件、网管的架构解耦设计等，从设计源头识别高风险并采取措施。

"架构紧耦合奖"让大家知道，过去最大的问题就是习惯于把自己作为单纯的设备供应商，从研发的角度去关注单产品的指标，忽视了从客户全网的角度考虑提供端到端的解决方案。

以客户为中心，质量是产品的生命，相信每个人都同意这个观点。但是，只有将此理念时刻铭记在心里，体现在实际行动上，才能避免在前进的路上掉进下一个泥坑。

能让员工快乐的奖励措施

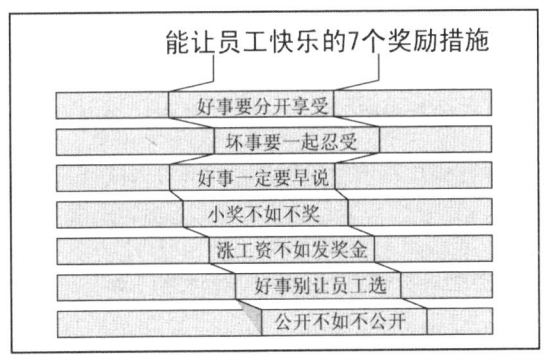

1. 好事要分开享受

如果你要给员工发 1 万元的奖金，那么最好分两次，每次给他 5000 元，这样尽管他拿到的总和还是 1 万元，但较之你一次性给他，他所获得的快乐更大。人在"得"的时候是边际效用递减的，所以分两次听到两个好消息等于经历了两次快乐，这两次快乐的总和，要比一次性享受两个好消息带来的快乐更大。当然，好事分开享受可以带来更大的快乐，并不是说要你把一万元的奖金分一万次每次一元钱发给员工。那一定会招来员工的臭骂。

2. 坏事要一起忍受

你把两个坏消息一起告诉对方，只会给对方造成一天的不快乐；如果你把两个坏消息分两天告诉对方，却会让对方两天都不快乐。人们常常讨厌雪上加霜、火上浇油的做法，可是在能够承受的限度内，对于很多人来说还是快刀斩乱麻来得更加爽快一些。因为同事一次知道两个坏消息的痛苦程度，比分两次知道两个坏消息的痛苦程度的总和要小。

3. 好事一定要早说

如果你今年业绩出色，公司奖励你去欧洲旅游一次，你什么时候最开心呢? 是在欧洲游玩的时候吗? 可能不是。其实，最开心的时候是你听到这个消息以及期盼着去巴黎的那段时间，是在你为欧洲之旅进行规划和整理行囊的时候。很多时候，快乐来源于对快乐的期待，期待也是一种快乐。所以，如果你决定要对员工进行奖励，晚说就不如早说，因为早说更能带来最大化的快乐，当然也就更能达到激励的效果。

4. 小奖不如不奖

一般人们总认为要让别人做点事情，就应该给他们奖励，不管多少、不论大小，有总比没有的好。但其实不然。如果您的孩子对绘画很感兴趣，或者公司员工出于内在的动力很积极地投入工作时，最好不要采用外在激励的手段去鼓励他们。因为一旦有外在激励的加入，内在的动力容易被扼杀，让人感觉做这件事情只是一个经济行为，尤其是奖励数额比较小的时候，人们会觉得不值得为这点小钱去做事，于是连本来不拿钱自己也愿意做的事情，都不愿意做了。

5. 涨工资不如发奖金

你的部门今年经济状况比较好，于是部门的领导想给手下的人增加报酬以提高他们的工作积极性。提高员工的报酬有两种最直接的方法。

第一种是加工资，比如把原来 50000 元的年薪增加到 55000 元年薪。

第二种方法是发奖金，就是保持员工现在 50000 元的年薪不变，但是每年不定期地给员工发几次奖金，奖金的总额约为每年 5000 元。

事实上，对公司而言给奖金效果要比加工资好，这主要有以下两个原因：

第一，尽管大家会选择加工资，但在总数相同的情况下，给奖金却会使人更开心。

第二，由俭入奢容易，而由奢入俭很难，因为人对物质的东西很容易习以为常，所以发奖金比涨工资有更大的回旋余地。

6. 好事别让员工选

当你准备奖励员工时，假设可以让员工去度假旅游，也可以送他们每人一台平板电视，并且两者是等值的。究竟应该给他们选择的权利好呢，还是不让他们选择好呢？

乍看之下，好像是给出更多的选择是对员工好，绝大多数的员工也希望可以得到选择，以为那样可以更加满意，其实不然。在让他们自由选择的情况下，选了度假的员工会感到自己是以放弃了实用的电视机作为代价来参加旅游的，旅游回来后看到同事家的那台电视肯定心中不悦；而选择电视的人，在家里看到电视中的那些度假胜地，就会想到其他员工也正在尽情游玩的时候，也一定会不快乐。因此，当你知道两件事情都是对方喜欢的时候，就不要给对方选择，免得导致他患得患失。

送礼的人在选择礼物时，为了满足收礼者的最大效用，经常会问他们想要什么。但这种做法其实不明智。有两个原因：第一，给接受礼物的人选择会使他们觉得放弃哪个都不舒服，最后拿到哪个礼物都觉得不完美；第二，正如我们在前面说的，接受礼物的人往往会从经济利益的角度来选择，而最后经济效用大的礼物并不一定会让他们更开心。

7. 公开不如不公开

有些公司对员工的工资和奖金公开。从管理透明，避免作弊来讲，这可能是好的。但从员工是否感到快乐来讲，则不然。对于员工而言，公开还不如不公开好。

看看不公开有些什么好处。一方面，人往往是过于自信的，他们一般会认为自己的能力一定比别人强，因而在工资水平不公开的情况下，他们也会认为自己比别人要拿得多。这种过于自信会让他们产生一种满意感，因而对公司来说，也能起到安抚、稳定的作用。另一方面，不公开也就没有比较，没有比较也就无从知道分配是不是公平。

再来看看公开工资或奖金有什么坏处。由于大家都觉得自己比别人强，自己比别人的贡献大，如果两个人拿的钱是一样的，那两个人都会不满意。如果有一方拿的钱比较多，拿钱比较多的那个觉得这是理所当然的，拿钱少的那个肯定非常不悦，说不定还会暴跳如雷。最后，大家都要求公司为自己涨工资，结果是公司不得不为所有的人涨工资，最后大家仍旧觉得自己拿的钱应该比别人多，所以还是不开心。

（本文摘编自《让员工快乐的7个奖励措施，赶快用起来吧！》，作者：张从忠，来源：中国人力资源开发网，2015）

特别的奖给特别的你

2014 年 2 月，埃博拉病毒在几内亚首发，后在非洲多个国家蔓延。虽然有埃博拉的阴影，但科特迪瓦代表处下辖的华为几内亚办事处 2014 年不仅在业务上取得显著成绩，获得公司"优秀小国经营奖"，同时办事处的坚守也为客户提供了业务保障，赢得了客户的信任和尊重。

2015 年 1 月，几内亚办事处获片联总裁嘉奖令，并获得奖励 200 万元。3 月 30 日，科特迪瓦代表处发布通知，奖励深入疫区核心区域工作的 7 名本地员工"特别贡献奖"，并设立了疫区坚守奖，以在几内亚工作的累计天数为奖励条件（其中出差最短时间为 4 天，最长时间为 285 天），对于 2014 年所有在几内亚常驻或出差支持过的公司员工予以奖励，共奖励 175 人（包括中方和本地员工）。

收到奖励通知邮件后，曾在科特迪瓦代表处、几内亚办事处常驻 4 年多，于 2014 年 10 月调回深圳的财务经理张冬阳写下了这样一段文字：

当上周收到这封邮件的时候，眼眶竟不自觉地湿润起来。实在没有忍住，所以今天（4 月 6 日）利用节假日回复了这封邮件。

这个通知对于几内亚办事处管理团队、科特迪瓦代表处行政管理团队，是一如既往地做出的又一次公平、公正、公开的决定；我想对于获得疫区坚守奖的兄弟姐妹，很多都会和我一样想起在几内亚疫区坚守那段艰苦但难忘甚至可以称之为快乐的时光。

作为我个人，虽已于去年10月底根据组织安排从西非调回深圳，但仍会时常想起几内亚与科特迪瓦代表处的兄弟姐妹们，想起对于我来说虽然艰苦但是美好珍贵的四年多的非洲时光。记得埃博拉刚在几内亚爆发时，在地区部、代表处召开的疫情应急会议上，我主动提出坚守，作为几内亚财务主管不能让刚来不久的新同事面对疫情留守的压力，现在回想当时之所以这么做，主要是职业习惯使然，心里只是简单想着财务部不能因为我而军心涣散，别的没有来得及想（那时公司还没有疫情补助的政策）。

应急会议后，我看到的是地区部、代表处、系统部的主管们，只要业务需要，便身先士卒，提前来到几内亚指导工作，甚至有的主管待的时间很久；就这样，为了几内亚业务保障的需要，在疫情期间汇聚了包括常驻同事在内的来自代表处、地区部、系统部的骨干员工。

后来，我看到的是一个在做好疫情防御的同时，有条不紊、积极响应客户需求，紧张艰苦但又不时充满欢声笑语的团队（疫情后由于地区部、代表处管理团队的支持，几内亚的伙食与文体活动都较以前有改善）。

再后来，疫情临时补助、总裁嘉奖令等补助与激励（包括精神激励）措施逐项落实。

现在，几内亚的疫情还没有结束，我们仍有很多兄弟姐妹奋斗在几内亚。

我在思考，这应该就是公司艰苦奋斗、成就客户核心价值观的具体体现，同时也体现了不让雷锋吃亏的价值分配导向；正是在全球有成百上千个类似几内亚这样的团队，我们才赢得了不同国家不同客户的信任和尊重，公司的业务才可以蒸蒸日上。我永远为我在这样的团队奋斗过感到骄傲和自豪；更为几内亚办事处和科特迪瓦代表处感到骄傲和自豪！

（本文摘编自《特别的奖给特别的你》，来源：《华为人》，2015）

参考文献

［1］卡伦·B. 布朗，南希·莉·海尔. 项目管理：基于团队的方法［M］. 王守清，亓霞，译. 北京：机械工业出版社，2014.

［2］李治. 不懂项目管理，还敢拼职场［M］. 长沙：湖南文艺出版社，2011.

［3］杨玉柱. 华为时间管理法［M］. 北京：电子工业出版社，2012.

［4］孙科炎. 华为项目管理法［M］. 北京：机械工业出版社，2014.

［5］孙科柳. 华为执行力［M］. 北京：电子工业出版社，2014.

［6］丁振宇. 一分钟提高执行力［M］. 北京：北京工业大学出版社，2011.

［7］墨墨. 把工作做到极致［M］. 北京：北京理工大学出版社，2010.

［8］王永德. 狼性管理在华为［M］. 武汉：武汉大学出版社，2012.

［9］李问渠. 细节思维［M］. 武汉：武汉出版社，2011.

［10］邢群麟，姚迪雷. 赢在细节［M］. 北京：华夏出版社，2008.

［11］吴建国，冀勇庆. 华为的世界［M］. 北京：中信出版社，2006.

［12］石楠. 华为人，你懂的［M］. 北京：清华大学出版社，2012.

［13］威廉·安肯三世. 别让猴子跳回背上［M］. 陈美岑，译. 杭州：浙江人民出版社，2013.

后记

以功能为中心向以项目为中心进行转变是 2014 年之后几年华为公司的重点工作之一。

在《华为的项目管理》的写作过程中，作者查阅、参考了大量的文章、文献和作品，部分精彩文章未能正确及时注明来源及联系版权拥有者并支付稿酬，希望相关版权拥有者见到本声明后及时与我们联系，我们都将按相关规定支付稿酬。在此，深深表示歉意与感谢。

由于编者水平有限，书中不足之处在所难免，诚请广大读者指正。同时，为了给读者奉献较好的作品，本书在写作过程中的资料搜集、查阅、检索与整理的工作量非常巨大，需要许多人同时协作才得以完成，并得到了许多人的热心支持与帮助，在此感谢张丽美、林云、吴银英、陈仕文、孙才诗、田安辉、周晶、王龙咸等人，感谢他们的辛勤劳动与精益求精的敬业精神。